W0097286

Heimatkunde
Baden

Karl-Heinz Ott

Heimatkunde

Baden

cadeau

1. Auflage 2007
Copyright © 2007 by Hoffmann und Campe Verlag, Hamburg
Die Zitate auf den Seiten 76 f., 185 und 190 f.
sind mit freundlicher Genehmigung entnommen aus:
Alfred Döblin, Schicksalsreise,
© 1993 Patmos Verlag GmbH & Co. KG, Düsseldorf
Paul Celan, Todtnauberg, aus: Gesammelte Werke,
© 1986 Suhrkamp Verlag, Frankfurt am Main
Arnold Stadler, Ausflug nach Afrika,
© 2006 DuMont-Literatur-und-Kunst-Verlag, Köln
www.hoca.de
Typografie und Satz:
Farnschläder & Mahlstedt Typografie, Hamburg
Gesetzt aus der Adobe Jenson Pro
Druck und Bindung: GGP Media GmbH, Pößneck
Printed in Germany
ISBN 978-3-455-38024-8

HOFFMANN
UND CAMPE

Ein Unternehmen der
GANSKE VERLAGSGRUPPE

Für Fanny

Inhalt

Als Schwabe in Baden

Auf dem Freiburger Schwabentor ist neben einem mit Fässern beladenen Karren ein Bauer zu sehen, der noch einmal auf die Stadt zurückschaut, während sein Knecht bereits mit der Peitsche auf die Pferde einschlägt. Wer will, kann aus dem Bild herauslesen, daß die Schwaben sich lieber die Mühe machen, den badischen Burgunder über Stock und Stein zu transportieren, als ihren eigenen Trollinger trinken zu müssen. Doch es gibt zu diesem Bild noch eine andere Geschichte. Sie erzählt davon, wie ein schwäbischer Bauer sich dachte: »Ich will mir die schöne Stadt Freiburg kaufen.« Als er hier mit ein paar Fässern voller Gold ankam, soll aus ihnen beim Öffnen aber nur Sand herausgelaufen sein, den seine Frau heimlich mit dem Gold vertauscht hatte, da sie in ihrer Schwabenschläue meinte, Freiburg könne man auch billiger haben.

Ob ich als Schwabe überhaupt das Recht habe, über Baden zu schreiben, sei dahingestellt. Schließlich grollen die Badener den Württembergern schon deshalb, weil sie mit ihnen nach dem Zweiten Weltkrieg zusammengeschmiedet worden sind. Daß allerdings die Oberschwaben, zu denen auch ich gehöre, alles andere als Württemberger sind, sondern wie die Konstanzer, Freiburger, Hotzenwälder, Elzacher und Triberger noch bis vor kurzem Vorderösterreicher waren, zeigt sich allein an all den Barockkirchen, die sich hier und dort ähneln und im pietistischen Württemberg als Inbilder des katholischen Bilderirrsinns gelten. Obwohl ich seit zwanzig Jahren hier lebe und nie mehr daran gedacht habe, ins Donauland zurückzukehren, schlägt mir, wenn ich ins Taxi steige oder mit dem Friseur ins Gespräch komme, immer noch ein leicht höhnisches »Oh, a Schwob!« entgegen. Anfang der neunziger Jahre habe ich nicht wenig gestaunt, als bei einer Freiburger Lesung ein hiesiger Schriftsteller, der kurz zuvor beim Klagenfurter Wettlesen aufgefallen war, nördlich von Karlsruhe eine Art Berliner Mauer aufrichten und einen unabhängigen badischen Staat ausrufen wollte. Was anfangs noch wie ein Witz wirkte, sollte sich, je länger dieser Mensch sich in seinen regionalistischen Furor hineinredete, als vollkommen ironiefreier Kampfaufruf erweisen. Als könne man sich heutzutage noch gegen den Kapitalismus, die Globalisierung und alles Böse in der Welt abschotten, sehnte er sich offensichtlich nach einem übersichtlichen, vor fremden Einflüssen geschützten Großherzogtum Baden zurück. Applaus hat dieser Autonomie-Apostel allerdings keinen gekriegt, im Gegenteil. Die Leute haben kopfschüttelnd den Saal verlassen.

Insofern scheint im Moment die Gefahr, daß die Badener wie die Basken einen souveränen Staat anstreben oder hier bald Verhältnisse wie auf dem Balkan herrschen, nicht allzu groß zu sein.

Seltsamerweise wissen Schwaben, solange sie nicht den Schwarzwald überqueren, schon deshalb nichts von den Animositäten ihrer Landsleute, weil sie selbst überhaupt nichts gegen die Badener haben. Was sich wiederum die Badener kaum vorstellen können, da – so wie wir es von den Baslern und Zürchern, Kölnern und Düsseldorfern kennen – Abneigungen gewöhnlich auf Gegenseitigkeit beruhen. Doch nicht nur zum Leidwesen der Badener bezeichnen die Schweizer alle Deutschen, gleichgültig ob sie aus Flensburg, Frankfurt oder Freiburg stammen, gleichermaßen als *Schwoba*. Und so werden in Basel auch jene symbolträchtigen Brötchen genannt, die aus zwei Backen und einer Furche bestehen. Daß wiederum die Oberschwaben, die zwischen Blaubeuren und dem Bodensee leben, sich den Stuttgartern ähnlich fern fühlen wie die Badener, wissen zwischen Waldshut und Weinheim nur wenige. Dabei ist niemand anderer als Napoleon daran schuld, daß diese Dinge durcheinandergebracht werden, schließlich hat seine Neuordnung Europas nicht nur dafür gesorgt, daß alles übersichtlicher geworden ist, sondern auch dafür, daß vieles über einen Kamm geschoren wird.

Im übrigen hatten damals die katholischen Breisgauer wenig Lust, sich mit den lutherischen Badenern vermählen zu lassen, wovon die Tagebücher von Ignaz Speckle, dem letzten Abt von Sankt Peter, berichten. Dort kann man nachlesen, wie im Mai 1811 die Freiburger angehalten werden, Seine Kaiserliche Hoheit, den aus Rastatt anreisenden Erbprinzen, gebührend zu empfangen. Damit nichts schiefgeht, wurden für den abendlichen Ball achthundert Freibillette an alle Freiburger und auswärtigen Beamten ausgegeben, damit Seine Exzellenz wieder mit dem Gefühl davonfahren konnte, die Hiesigen hätten gern mit ihm gefeiert. Zum eigentlichen Baden gehörten damals nur die Gegenden um Karlsruhe, Rastatt und Baden-Baden herum, ein paar Flecken in der Nähe von Lahr und Offenburg und – worauf bereits der herrscherliche Name hinweist – das Markgräflerland. Und deshalb kann man auf damaligen Landkarten nirgends so gut wie im deutschen Südwesten sehen, was das Wort *Flickenteppich* bedeutet. Daß gleich nebenan, zwischen Sigmaringen und Hechingen, mit dem Fürstenhaus Hohenzollern auch noch die Preußen eine Enklave besaßen, machte das Ganze nicht gerade übersichtlicher.

Fest steht jedoch, daß um den Bodensee herum und am Rhein entlang bis nach Straßburg hinauf Alemannisch gesprochen wird, wozu auch das Schwyzerdütsche und Elsässische gehören. Und weil das so ist, kommen in Baden verschiedenste Sprachen zusammen. Während ein Bad Säckinger beinahe wie ein Basler redet, hört es sich in Karlsruhe schon ganz anders an, ganz zu schweigen von den Mannheimern mit ihrem besonders derben Pfälzerdialekt und jenen

Tauberbischofsheimern, für die es nach Würzburg hinüber bloß ein Katzensprung ist, weshalb ihr Badisch auch reichlich fränkisch klingt. Äußerst seltsam mutet einem Fremden, wenn er ins südlichere Baden kommt, das in jedem zweiten Satz auftauchende Wörtchen *als* an. »Der het als ein Mist g'schwätzt« oder »Unser Lehrer het uns als g'sagt« oder »Des het er als g'macht« heißt nichts anderes als »Der hat einen Mist geredet«, »Unser Lehrer hat uns gesagt«, »Das hat er gemacht«. Doch die Hiesigen kommen ohne das Füllsel *als* nicht aus und verwenden es in so gut wie jedem Satz. Bedeutung besitzt es keine, außer daß es eine gewisse Regelmäßigkeit andeutet, aber diese Winzigkeit sagt bereits etwas über einen gewissen Hang zur Umständlichkeit aus, den man auch als Gemütlichkeit bezeichnen kann. Der Heidelberger Schriftsteller Adolf Schmitthenner erzählt von seinem Urgroßvater, den es als Pfarrer ins Wiesental verschlagen hat, wo bei ihm Johann Peter Hebel ein und aus gegangen ist, daß er sich an die Langsamkeit dieser Leute nie habe gewöhnen können: »Er klagt über ihr Wirtshaussitzen und Baselfahren, ihre Saumseligkeit bei ihren Geschäften und über den Aberglauben der Alten.« Sprich, sie sitzen lieber beim Wein zusammen und schwätzen stundenlang, und wenn's ums Schaffen geht, pressiert's ihnen nicht sonderlich. Als ich mich kürzlich im Bühlertal bei einem Mann, der gerade im Garten werkelte, nach dem Weg erkundigte, trommelte er die halbe Nachbarschaft zusammen, so daß am Ende ganze sieben Leute um mich herumstanden und überlegten, wie ich am besten ins Nachbardorf gelange.

Dabei hat der berühmteste und umstrittenste deutsche Philosoph des letzten Jahrhunderts, der aus Meßkirch stammende Martin Heidegger, seinen Landsleuten gern einen Hang zur bedeutsamen Stille nachgesagt. Als ihn 1930 ein Ruf nach Berlin ereilt hat – so lesen wir es bei Heidegger jedenfalls –, schienen ihn schlimme Zweifel geplagt zu haben, ob er die Heimat verlassen soll oder nicht. Aus diesem Grund hat er wieder einmal seine Bauern in der Wirtschaft aufgesucht. Anstatt viele Worte zu verlieren, sollen sie ihn nur stumm angeschaut und den Kopf geschüttelt haben. Woraufhin Heidegger in Freiburg geblieben ist. Nicht alle, die aus dem Schwarzwald kommen, neigen zu solchen Stilisierungen. Vor allem jene Jüngeren, die inzwischen auch nicht mehr allzu jung sind und vor zwanzig, dreißig Jahren die abgelegenen Täler verlassen haben, wollen an ihren wortkargen Vorfahren weniger eine edle Einfalt und stille Größe als vielmehr eine ländliche Verstocktheit wahrgenommen haben. Seit der Tourismus jedoch keine einzige Ecke mehr vor seiner planmäßigen Suche nach der unberührten Natur verschont, ist auch den Hinterwäldlern die Chance verwehrt, sich als Eigenbrötler aufzuführen. Während am Rhein entlang seit jeher Verkehr und Handel herrschen, sind die in den Bergtälern als Oasen der Stille gerühmten Flecken längst auch dabei, sich in ihr schieres Gegenteil zu verwandeln.

Obwohl man es kaum glauben mag, so gehören zur badischen Gemächlichkeit und Gemütlichkeit auch Renitenz und Revoluzzertum. Schließlich waren es Wyhler Bauern, die den damaligen Ministerpräsidenten Filbinger bei einem offiziellen Besuch derart bedrohlich einkreisten, daß er es mit der Angst bekam. Als es Ende der siebziger Jahre um den Bau eines Kernkraftwerks in den Rheinauen am Fuß des Kaiserstuhls ging, stand Wyhl in ganz Deutschland für Widerstand. Auch während der 1848er Revolution gehörten die Badener zu den Radikalsten, da sie sich im Unterschied zu anderen Aufständischen nicht mit einer konstitutionellen Monarchie zufriedengeben, sondern eine Demokratie ausrufen wollten, die diesen Namen verdient. Friedrich Hecker, Georg Herwegh, Gustav Struve, sein Adjutant Wilhelm Liebknecht und auch jener Carl Schurz, der aus dem Rheinland stammt und später in Amerika Minister geworden ist, führten zwischen Lörrach und Rastatt die badischen Truppen gegen das preußische Heer an. Daß die Württemberger damals an der Seite der Preußen standen, hat sie bei den Badenern nicht gerade beliebter gemacht. Ebensowenig darf man die Bauernkriege vergessen, bei denen am Hoch- und Oberrhein vor fünfhundert Jahren Klöster und Schlösser lichterloh brannten.

Michel de Montaigne, der nicht nur Schriftsteller, sondern ebenso Bürgermeister von Bordeaux war, bemerkt in den Tagebüchern seiner Italienreise, die ihn auch an den Rhein und Bodensee geführt hat, sie hätten beim *Adler-*

Wirt in Konstanz »Bekanntschaft mit der Freiheitsliebe und dem barbarischen Stolz der Alemannen gemacht, als einer unserer Diener mit unserem Basler Führer in Streit geraten ist«. Dabei kann Montaigne, der von zu Hause besser als jeder andere weiß, was ein guter Tropfen ist, den außerordentlichen Wein, der hier wächst, nur rühmen, ganz zu schweigen von den Forellen, von denen er zu berichten weiß, daß man von ihnen am Bodensee nicht das Fleisch, sondern nur den Laich – sprich den Kaviar – ißt. »Wir sahen niemals so zarte Fleischspeisen, wie sie dort täglich aufgetragen werden«, heißt es bei ihm voller Bedauern, »daß er keinen Koch mitgenommen hat, um ihn die hiesigen Gerichte studieren und dann zu Hause erproben zu lassen«.

Als vor einigen Jahren die inzwischen verstorbene Helga Brummer-Kraft, die das Bodensee-Literaturschiff ins Leben gerufen hat, beim Zusammensitzen in einer Konstanzer Wirtschaft von meiner Tochter mit dem Badner-Lied überrascht worden ist, hat sie ihr aus Rührung einen Hundertmarkschein in die Hosentasche gesteckt. Tatsächlich könnten die von Justinus Kerner gedichtete Schwaben-Hymne und das Badner-Lied unterschiedlicher kaum ausfallen: Im einen rühmt der württembergische Fürst Eberhard sich, jedem Untertan ohne Angst sein Haupt in den Schoß legen zu können; im andern dagegen wird die Schönheit von Stadt und Land gepriesen und in der letzten Strophe hervorgehoben, daß Bauer und Edelmann sich hier auf Augenhöhe begegnen. Von daher war es eine blödsinnige

Hoffnung mancher Württemberger, die aneinandergeklebten Länder mit dem Namen *Rheinschwaben* versehen zu wollen und darauf zu setzen, daß die erste Silbe sich mit der Zeit abschleift und am Ende nur das Wort Schwaben übrigbleibt. Die Badener haben eine andere Geschichte, und sie zeichnet sich dadurch aus, daß hier Wohlleben und Widerstand, Gemütlichkeit und Gehorsamsverweigerung, Bodenständigkeit und Barrikadenstürmerei seit jeher zusammengehören. Was auch der berühmte Oberbergener Wirt und Winzer Franz Keller bewiesen hat, der sein Lebtag lang gegen die Winzergenossenschaftspolitik, die Flurbereinigung mit ihren Anbauverboten und sonstigen staatlichen Unsinn angerannt ist. Lange bevor Siebeck uns Deutschen Eß- und Trinkkultur antrainieren wollte, hat Franz Keller mit seinem *Schwarzen Adler* die Legende Lügen gestraft, daß man nur links des Rheins etwas von Kochkunst und großen Gewächsen versteht. Inzwischen machen es ihm viele nach und sorgen dafür, daß der burgundische Pinot Noir mit dem badischen Spätburgunder ernsthafte Konkurrenz bekommt und eine kulinarische Reise noch vor dem Übertritt ins Elsaß ihren Höhepunkt erreichen kann.

Zwar haben sich die schwäbischen Gschäftlesmacher mit Mercedes, Bosch und Porsche um Stuttgart herum einen mächtigen industriellen Speckgürtel zugelegt, doch man hat nicht den Eindruck, daß die Badener allzu neidisch auf diese Art von Wohlstand sind. Schließlich sehen endlose Weinberge einladender als kilometerlange Bürogebäude und Fabrikhallen aus. Bei allem Schwarzwalddunkel, das einen beträchtlichen Teil von Baden ausmacht, überkommt einen in der Rheinebene ein Gefühl von Weite, das sich nicht bloß der Nachbarschaft von Frankreich und der Schweiz, sondern einem Licht verdankt, wie man es in den winkligen, von Wäldern und Hügeln eingekreisten Dörfern und Kleinstädten am Neckar selten erleben kann. Obwohl man auch um Stuttgart und um Ulm herum gut kocht und zwischen Heilbronn und Untertürkheim längst nicht mehr nur wässrigen Trollinger trinkt, wissen die Schwaben das badische Paradies seit jeher zu schätzen. Gerade weil wir Schwaben uns nicht rühmen können, eine deutsche Toskana zu besitzen, wie man es vom Markgräflerland und dem Kraichgau behauptet, sind wir stolz darauf, nicht mit den Württembergern und Hohenzollern allein zu sein. Wir besitzen die Größe, unsern Nachbarn ihre Größe zu lassen. Und weil die meisten von uns gar nicht wissen, daß die Badener etwas gegen uns haben, sind sie im Ländle mehr als willkommen.

2.

Geschichten
aus der Geschichte

In Cäsars *De bello Gallico*, über dem bis heute altsprachliche Gymnasiasten wie über keinem anderen Buch brüten müssen, wird jenes Volk, das rechts des Rheins in Wäldern haust, als reichlich barbarisch dargestellt. Es sind unsere Vorfahren, die Germanen, von denen Cäsar um 50 v. Chr. behauptet, entlang des Rheins lebten sie fast nur von Fischen und Vogeleiern. Entsprechend heißt es in Tacitus' *Germania*, daß kein Mensch, der bei Verstand ist, aus Afrika, Asien oder Italien freiwillig in diese wilde, sumpfige, trostlose Gegend ziehen will, in der die Leute in Tierfellen herumlaufen, Unmengen von gegorenem Gerstensaft saufen und sich von blutigem Wildbret und gestockter Milch ernähren. Von den Sueben, also den Schwaben, die bis ins späte Mittelalter von den Alemannen überhaupt nicht unterschieden werden, berichtet er, anders als die anderen Germanen kämmten sie das Haar nach hinten und bänden es auf dem Scheitel nach oben, was keiner Eitelkeit geschuldet sei, sondern dem Feind das Gefühl geben solle, sie seien größer als er. Im übrigen verehrten sie keine Götterbilder, sondern Lichtungen und Haine, die sie als Heiligtümer empfänden.

So stellen die Römer jene unzivilisierte Welt dar, die an den Ufern des Rheins in Richtung Osten beginnt. Daß weder Cäsar noch Tacitus dieses Land je betreten haben, läßt sie nicht gerade als verläßliche Informanten erscheinen. Doch immerhin haben ihre Vorstellungen bewirkt, daß die Römer anfangs nur an Rätien und Gallien, aber nicht im geringsten an Germanien interessiert waren. Andererseits hat ihnen der Suebenfürst Ariovist das Leben keineswegs leicht gemacht, schließlich wollte auch er sich in jenen Gegenden niederlassen, die nicht nur aus wilden Wäldern und wüsten Sümpfen bestanden. Daß es dort außer Gerstensaft auch noch etwas anderes zu trinken gibt, war Ariovist nicht unbekannt, zumal Tacitus von jenen Germanen, die in der Nähe des Rheins wohnen, behauptet, sie importierten auch Wein. Bereits Cäsar hebt gut hundert Jahre vor Tacitus hervor, aufgrund der Nachbarschaft zu Gallien seien die germanischen Flußbewohner etwas gesitteter als ihre sonstigen Stammesgenossen.

Wie es hier vor der Ankunft der Römer ausgesehen hat, wissen wir kaum, außer daß in Unteruhldingen am Bodensee die berühmten Pfahlbauten auf Zeiten verweisen, als noch kein Mensch von Schwaben und Alemannen reden konnte. Sowenig diese Jäger und Sammler Viehherden, Felder und Wiesen ihr Eigen nennen konnten, sowenig besaßen sie einen Stammesnamen. Nicht nur in Unteruhldingen, wohin heutzutage Schulklassen pilgern, auch auf der benachbarten Höri, die sich von Radolfzell bis Stein am Rhein erstreckt, wurden steinzeitliche Gerätschaften wie Pfeilspitzen, Harpunenzähne, Kratzer und Stichel entdeckt. Längst hat sich diese Gegend in ein Arkadien verwandelt, weshalb sich dort vor hundert Jahren auch Leute wie Hermann Hesse, Otto Dix, Erich Heckel und ein Dutzend weniger bekannter Dichter und Maler ein Häuschen gebaut oder für längere Zeit aufgehalten haben.

Anders als lange vermutet, haben die Römer nicht nur in *Brigantium*, *Constantia* und *Augusta raurica* – also in Bregenz, Konstanz und dem bei Basel liegenden Kaiseraugst – Städte errichtet, sondern sich auch auf unserer Seite angesiedelt, wie die Ausgrabungen luxuriöser Thermen in Badenweiler und einer Römervilla in Heitersheim beweisen, in der es bereits Fußbodenheizung und fließendes Wasser gab. Von den Sueben berichtet Cäsar, sie seien bis zum Rhein vorgedrungen und hätten nicht nur den dort ansässigen Germanenstämmen, sondern auch den Galliern und damit den römischen Legionen zu schaffen gemacht. Doch trotz aller Schlachten und Scharmützel scheint sich mit der Zeit ein Neben- und Miteinander ergeben zu haben, das selbst die Größten ihrer Großen, nämlich Wotan und Jupiter, in eine erstaunlich eifersuchtsfreie Nachbarschaft geraten ließ. Jedenfalls erfahren wir im Freiburger Colombi-Schlößle, in dem eine archäologische Ausstellung die römische Kolonisierung dokumentiert, daß sich damals zu den keltischen Schwarzwaldgöttern auch römische Persönlichkeiten wie Mars, Merkur und Amor gesellt haben, was man sich vielleicht wie im heutigen Japan vorstellen muß, wo der Shinto-Schrein und die Buddha-Statue konkurrenzfrei nebeneinander stehen. Obwohl Besatzer selten willkommen sind, kann man in diesem Fall von Glück sagen, daß Cäsar mit seinen Truppen nicht nur ein paar filigranere Gottheiten, sondern auch Weinstöcke mitgebracht hat, ganz zu schweigen vom Knoblauch, auf den wir dadurch nicht so lange wie auf die Kartoffeln warten mußten, deren Geschmack wir erst durch die Entdeckung Amerikas kennenlernen durften.

Erst spät, um die Mitte des dritten Jahrhunderts, taucht der Name *Alamannen* auf, die als Suebenstamm gelten und sich hier mit roher Gewalt breitmachen. Doch anstatt sich am Bodensee und dem Rhein entlang ins gemachte Nest zu setzen, zerstören sie mit ihren Horden die prächtigen Römerbauten, weil ihnen offensichtlich nichts so fremd ist wie ein verweichlichtes Leben. Ganz in der Nachfolge von Tacitus stellt der Karlsruher Schriftsteller Victor von Scheffel, der im 19. Jahrhundert neben Bismarck als der bekannteste Deutsche gegolten hat, unsere alemannischen Vorfahren als reine Barbaren hin, wenn er in seiner Erzählung *Hugideo*, die um das Jahr 450 auf dem Isteiner Klotz spielt, schreibt: »Drüben am städtereicheren linken Ufer galt römisch Recht und römisch Wesen, diesseits aber saßen und schweiften die Alemannen, ein rauh, streitbar, bärbeißig, dreinschlagend Volk ... Sie lebten in wenigen zerstreuten Gehöften, trieben Jagd im Schwarzwald und Fischfang in Bach und Strom, verschliefen manch lieben langen Tag auf der Bärenhaut, vertranken manch liebe lange Nacht beim Bierkrug und harrten, bis das Heerhorn bließ und sie zu kekkem, wildmütigem Raubzug in des feineren Nachbars Land hinüberrief.«

Im Colombi-Schlößle erfährt man ebenfalls, daß vor dem Auftauchen der Alemannen auch Einheimische in die römische Armee eintraten, weil sie dort ein besseres Auskommen als daheim auf dem Acker hatten. Aber nicht nur deshalb, sondern vor allem weil die Römer Straßen bauten und damit für Handel sorgten, begannen Sitten und Sprachen sich zu vermischen. Was sich allerdings schnell zu ändern schien, als die Alemannen das Land besetzten. Damit sind die Zeiten vorbei, da die Bessergestellten in blütenweißen Togen durch die Gassen spazieren konnten und zu Hause ein paar Amphoren mit Wein stehen hatten, den lockige Knaben, die frivole Verse von Catull rezitierten konnten, beim Mahl kredenzten, und die rechtzeitig Feuer machten, um heiße Luft in die kleinen Kanäle unterhalb des Fußbodens zu schleusen, damit die Herrschaft nach dem Baden nicht auf kalten Steinen ins Schlafgemach hinüber wandeln mußte.

Wie die Alemannen sich recht schnell am Rhein und an der Donau entlang, von Konstanz bis über Straßburg hinaus, von Donaueschingen bis Regensburg, vom Bregenzerwald bis an den Zürcher-, Vierwaldstätter- und Thunersee hinab festsetzen können, weiß niemand so richtig zu sagen, da sie im Unterschied zu den Römern keine Bücher geschrieben und auch sonst nichts Schriftliches hinterlassen haben. Und weil ihre Hütten aus Holz waren, konnten sie auch nicht wie die Mosaikböden in Pompeij über Jahrtausende hinweg unter Schutt und Asche überdauern. Was man von ihnen finden kann, sind dagegen Reihengräber, in denen neben Schuhschnallen, Glasperlen und Haarnadeln vor allem martialische Gegenstände wie Pfeile, Schilder und Lanzen, aber auch Pferdeskelette zum Vorschein kommen, da sie ihren Fürsten deren Lieblingstier mit in den Tod gegeben haben. In Ihringen am Kaiserstuhl, dem wärmsten Ort Deutschlands, wurde in einem dieser Gräber eine sogenannte Widerhakenlanze entdeckt, was eine besonders scheußliche Erfindung ist, da sie wie ein eiserner Dübel im Leib stecken bleibt und beim Herausziehen die eigentliche Katastrophe beginnt.

Weil die Römer seit Kaiser Konstantin nicht mehr an Mars und Venus, sondern bloß noch an Jesus von Nazareth glauben dürfen, geht es in den Kolonien mit der Christianisierung schneller als in den alemannischen Gebieten voran. Lange bevor in den schwarzen Wäldern ein Sankt Blasien und Sankt Peter entstehen können, stehen links des Rheins bereits Kirchen, während hierzulande irische Wandermönche, die man sich als verwegene Kerle vorstellen muß, erst allmählich in die Wälder eindringen und auf abenteuerlichen Wegen ihren missionarischen Eifer ausleben. Sie heißen Pirmin, Landolin, Fridolin, Columban und Kilian, wobei heutige Kirchenhistoriker bezweifeln, daß es sich durchweg um Iren gehandelt hat, was ganz konkret heißt, daß etwa Sankt Fridolin, der Heilige des Schwarzwalds, sich immer mehr in einen Franken verwandelt. Womit diese Fremden die Einheimischen beeindrucken können, sind weniger die Zehn Gebote als Wundertaten, mit denen Ungeziefer und ärgerliches Getier dezimiert werden. So wird der Heilige Pirmin, auf den die Klostergründung auf der Reichenau zurückgeht, mit einer Schlange dargestellt, während sich zu Füßen von Albertus Magnus Mäuse, Hamster und Ratten tummeln. Von abstrakten Glaubenswahrheiten wollten die Alemannen wahrscheinlich nicht viel wissen, aber famose Taten konnten sie dann doch vom christlichen Gott überzeugen. So lautet eine Fürbitte an Albertus Magnus:

»Berühmter Mörder aller Mäuse
Laß uns doch nimmermehr im Stich,
Und töte bald, wir bitten dich,
Auch unsere Wanzen, Floh und Läuse!«

Noch weit weniger fromm klingt der dazugehörige Refrain:

»O mache Gewaltiger, daß jedes Insekt,
Das uns zu beschädigen drohte, verreck!«

Um welches hier heimisch gewesene Tier es sich bei dem Drachen handelt, den Sankt Georg von seinem Roß herab niedergestochen hat, bleibt deutungsbedürftig. Nach ihm ist die kleinste und beeindruckendste der drei mittelalterlichen Reichenauer Kirchen benannt, die unweit des Sees in Oberzell inmitten von Gemüsefeldern und Weinbergen steht und der man auch gleich anzusehen meint, daß sie in einer Zeit entstanden sein muß, der man noch nicht einmal den Stempel der Romanik aufdrücken kann. Ein wenig gedrungen, mit massivem Gemäuer, entfaltet sie wenig von jener Pracht, die später, ungefähr seit dem Jahr 1000, gewöhnlich die Gotteshäuser auszeichnet. Doch im Innern erstreckt sie sich in eine lichte Weite, was sich dem nahezu kahlen, zweimal ansteigenden Altarraum und den milden Farben der freigelegten Wandmalereien verdankt, die wie durchsichtig wirken. Nur wollen die barocken Statuen, zu denen ein Sankt Georg in prunkenden Faltenwürfen und ein lendengeschürzter, ausgemergelter Jesus mit wallendem Lockenhaar gehören, in diese sonst so leeren Räume nicht im geringsten passen. Doch einem solchen Stilmischmasch begegnet man auch im Rheinmünster zu Schwarzach bei Bühl und in der winzigen Kirche in Zarten bei Freiburg, die beide ähnlich alt sind, aber von wuchtigen Barockaltären verunstaltet werden, die wie eine Karikatur ihrer selbst wirken.

Was sich in den weiteren Jahrhunderten abspielt, können sich wahrscheinlich nur Mittelalterspezialisten vorstellen, die neben den Aberdutzenden von Kaisern, Königen, Päpsten und Gegenpäpsten auch noch die zahllosen Stufenleitern zwischen Fürsten, Äbten, Fürstäbten, Grafen, Herzögen, Rittern, Junkern, Erzkanzlern, Freiherren, Lehnsherren, Truchsessen, Vasallen – und wie sie sich noch alle nennen – im Kopf haben. Ganz abgesehen von den vielen Klöstern, die es um den Bodensee herum, im Schwarzwald und auf den beiden Rheinseiten seither gibt, erinnert auf jeder dritten Bergkuppe eine Burgruine an die damaligen Zeiten. Was das heutige Südbaden anbelangt, so haben damals die aus dem Schwäbischen kommenden Zähringer die Herrschaft übernommen, woran bis heute jene Statuen in der Klosterkirche Sankt Peter erinnern, die nicht die zwölf Apostel, sondern die Zähringer-Herzöge darstellen. Es sind lauter halbkahle Gestalten mit eingefallenen Wangen, gekringelten Bärten, tiefen Augenhöhlen und wild stierenden Blicken, die da über der Gemeinde thronen und als weltliche Herren das Bild der Kirche beherrschen.

Im Freiburger Ortsteil Wildtal, der seinem Namen alle Ehre macht, ist eine Turmruine von deren Stammsitz zu besichtigen, den sie allerdings schon früh auf den Freiburger Schloßberg verlegt haben, wo längst nur noch Mauerreste stehen. Von dort oben sollen sie sich einen unterirdschen Gang zum Münster hinab gebaut haben, um ungestört zu ihren Plätzen im Chorgestühl zu gelangen. Um diesen Gang zu finden, soll ein Handwerker von der Münsterbauhütte jahrelang wie wild nach dem Mauerstein gesucht haben, der in den Geheimweg führt. Dabei habe er derart viele Statuen und Gemäuer zerstört, daß ihm eines Tages jede weitere Suche strengstens verboten worden sei, was er so wenig habe verwinden können, daß er noch auf dem Totenbett während seiner letzten Beichte einen Wutanfall bekommen haben soll. Eine andere Geschichte berichtet, Bertold II., der – anders als die römische Ziffer hinter seinem Namen vermuten läßt – der erste Herzog von Zähringen war, habe in seiner Unersättlichkeit wissen wollen, wie Menschenfleisch schmeckt, weshalb seine Köche ihm einen gebratenen Knaben servieren mußten. Als ihm das gewünschte Mahl aufgetischt wurde, soll ihn dann doch ein Entsetzen überkommen haben, weshalb er zur Sühne die beiden Klöster Sankt Trudpert im Münstertal und Sankt Peter am Südhang des Kandels habe erbauen lassen. An ihn erinnern in Freiburg bis heute der Bertoldsbrunnen, das Bertold-Gymnasium und die Bertoldstraße, die in jene weit längere und prächtigere Kaiser-Joseph-Straße einmündet, deren Name daran erinnert, daß Freiburg seit dem 14. Jahrhundert zum Haus Habsburg gehört hat und lange die Hauptstadt Vorderösterreichs gewesen ist.

In Kippenheim, das südlich von Lahr liegt und zu Napoleons Zeiten nochmals eine gewisse Rolle spielen sollte, trifft man neben den ortsüblichen Johann-Peter-Hebel- und Heinrich-Hansjakob-Straßen auch auf eine, die nach Bernhard von Clairvaux benannt ist, was sich der Tatsache verdankt, daß der Gründer des Zisterzienserordens dort im Jahre 1146 den zweiten Kreuzzug ausgerufen hat. Anders als das längst gängige Geschichtsbild behauptet, hatte das weniger mit martialischer Raserei als mit dem naheliegenden Bedürfnis zu tun, den Expansionsdrang der Sarazenen – oder um es anders zu sagen: der Moslems – zu stoppen. Natürlich hat Bernhard nicht nur in Kippenheim, sondern auch in anderen Kirchen, die zwischen seinem burgundischen Kloster und dem Speyrer Dom lagen, gepredigt. Im übrigen besaßen die Zisterzienser im benachbarten Tennenbach eine Abtei, zu der wiederum in Malterdingen ein Wirtschaftshof gehörte. Dort pflanzten sie Rebstöcke an, die sie mitgebracht hatten, weshalb die Verbreitung des Spätburgunders, also des Pinot Noir, vermutlich von dort ihren Anfang nahm, womit sich auch erklären ließe, daß er hier in der Gegend lange nur als Malterdinger bezeichnet worden ist. Heutzutage sitzt in Malterdingen der Winzer Bernhard Huber, dessen Burgunder den Vergleich mit den französischen nicht im geringsten scheuen müssen.

Was das Kriegshandwerk anbelangt, so steht gegenüber dem Freiburger Rathaus ein Brunnen mit dem mannshohen Standbild des Franziskanermönchs Berthold Schwarz, der das Schwarzpulver erfunden hat, was heutige Militärhistoriker zwar in Zweifel ziehen, aber nichts an der Legende ändern kann, wonach er sich auf dem Freiburger Karlsplatz mit einem Mörser selbst in die Luft gejagt haben soll, um die Kraft seines Pulvers öffentlich zu beweisen. Nicht nur in den warmen Jahreszeiten sitzen auf dem Geländer des Brunnens scharenweise Eis schlotzende Leute, die den hoch oben zwischen dichten Kastanien hervorlugenden Mönch kaum bemerken, obwohl zwei Säulen-Reliefs zeigen, wie er sein Gemisch anrührt und sich anschließend, während es raucht und knallt, die Ohren zuhält. Zum allerersten Mal in der abendländischen Geschichte soll das Schießpulver ausgerechnet im idyllischen Meersburg zum Einsatz gekommen sein, wo anno 1334 die bischöfliche Artillerie vom Kirchturm aus auf die kaiserlichen Belagerer geschossen hat, was einen solchen Höllenlärm gemacht haben muß, daß die Angreifer sich fast zu Tode erschrocken haben.

Während der Alchimist Berthold Schwarz den kriegerischen Fortschritt befördert hat, sollte zweihundert Jahre nach ihm ein anderer Pulverkünstler den Herren von Staufen, die südlich von Freiburg residierten, Gold und Silber herbeizaubern. Anders als den Schwarzpulver-Erfinder kennt ihn jeder Schüler, selbst wenn er nicht weiß, daß Doktor Faust im Staufener *Löwen* vom Teufel geholt worden ist, wo es heute noch das Faust-Zimmer gibt, für das der Gast zwei Euro mehr als für die anderen hinlegen muß. In der *Zimmerschen Chronik*, die just um diese Zeit in Meßkirch verfaßt worden ist, heißt es: »Vil haben allerhandt anzeigungen und vermuetungen noch vermaint, der bös gaist, den er in seinen lebzeiten nur sein schwager genannt, hab ine umbbracht.« Da Faust in Knittlingen, das im Kraichgau liegt und deshalb auch zu Baden gehört, geboren ist und im

Markgräflerland sein Leben ausgehaucht hat, könnte man behaupten, er sei eine rundum badische Gestalt, auch wenn sein Wirken unter diesem Gesichtspunkt meines Wissens noch nie betrachtet worden ist. Offensichtlich haben ihm seine Künste in Staufen aber nicht viel genützt, was seine Auftraggeber, die nicht gerade für ihre Nächstenliebe bekannt waren, noch nervöser gemacht hat, als sie eh schon waren, zumal Faust ja nur deshalb gerufen worden war, weil im Münstertal der Silberabbau, von dem sie bislang gelebt hatten, nichts mehr hergeben wollte. Im übrigen haben die Herren von Staufen, deren Burg im Dreißigjährigen Krieg in eine Ruine verwandelt worden ist, mit jenen weit mächtigeren Staufern nichts zu tun, die hier unten vor allem links des Rheins ihre riesigen Burgen errichtet haben. Von deren prächtigster, der Haut-Kœnigsbourg, die Kaiser Wilhelm Anfang des letzten Jahrhunderts, als das Elsaß wieder einmal zu Deutschland gehörte, renovieren ließ, schaut man wie von keinem anderen Ort auf die Rheinebene hinab und zum Schwarzwald hinüber. Verglichen mit ihr mutet diejenige von Staufen wie ein Sandkastengeschöpf an.

Daß im Schwarzwald Schießpulver und Kriegsgerät über Jahrhunderte hinweg fürs Einkommen gesorgt haben, läßt sich allein an manchen Ortsnamen ablesen: In Eisenbach bzw. Hammereisenbach kann es nur Schmiede gegeben haben, aber auch drunten in Hausen, das im friedlichen Wiesental liegt, hat Johann Peter Hebel in jungen Jahren im Eisenwerk ausgeholfen, wovon noch sein alemannisches Gedicht *Der Schmelz-Ofen* zeugt, in dem es heißt, der Bauer brauche, wenn er aufs Feld geht, *Haue, Wägese, Sägese* und *Sichle,* wohl wissend, daß in den Schmieden nicht bloß Pflugscharen, sondern auch Schwerter zurechtgeklopft wurden. Unweit von Hausen, im mittelalterlichen Laufenburg, durch das man auf der Strecke von Basel zum Bodensee kommt, ragt über dem Rhein eine senkrechte Felswand auf, die mit Häusern bebaut ist, vor deren Fenstern jahraus, jahrein an Wäscheleinen Hosen baumeln und Hemden hängen. In dieser märchenhaft mittelalterlichen Stadt, die links aargauisch, rechts badisch ist, finden an Fasnet Umzüge mit sogenannter Tschättermusik statt, bei der mit Töpfen, Kacheln, Deckeln und Eimern ein blecherner Krach veranstaltet wird, der daran erinnert, daß in dieser Ecke alles, was mit Eisen zusammenhängt, den Gang der Geschichte geprägt hat. Nur daß sich das Waffengeschäft längst an den Bodensee hinüber verlagert und ganz andere Dimensionen angenommen hat, weshalb Friedrichshafen im Zweiten Weltkrieg schlimmer als jede andere Stadt im weiteren Umkreis bombardiert worden ist.

Oberhalb von Laufenburg, in jenem Hotzenwald, der in Arnold Stadlers Büchern das abseitige Zentrum der Welt bildet, haben die Salpeterer gelebt, deren Name bereits sagt, worin ihr Geschäft bestanden hat. Es waren Bauern, die durch das Abkratzen von Wänden und aus Erddünger Salpeter gewonnen haben, welcher wiederum für die Herstellung von Schießpulver benötigt worden ist. Victor von

Scheffel, der mit seinem *Trompeter von Säckingen* und *Ekke-hard* im 19. Jahrhundert immensen Erfolg gehabt hat, widmet den Hotzenwälder Salpeterern in seinen *Reisebildern* ein eigenes Kapitel. Heutzutage besitzt Scheffel allenfalls noch durch sein Pennäler-Gedicht *Als die Römer frech geworden* ein anonymes Nachleben, doch seine Schrift *Aus dem Hauensteiner Schwarzwald* gehört – ganz anders als seine Historienschinken – zum Besten, was damals in deutscher Sprache geschrieben worden ist.

Der Hotzenwälder, heißt es bei ihm, »ist der einzige Schwarzwälder, dem jener Trieb des Wanderns in die weite Welt, des Handelns und Geldverdienens fehlt. Der Neustadter und Furtwanger Uhrmacher, der Lenzkircher Strohhuthändler sind Gestalten, die, wie der Zillertaler und Pustertaler Handschuhtiroler, in der ganzen Welt bekannt sind. Dadurch kommt natürlich auch viel weltläufiger Schliff unter die Leute, und jene Schwarzwälder ›Engländer‹, die in der Post zu Bonndorf oder sonst die ›Times‹ lesen und sich von ihren Handelsverbindungen in der Neuen und Alten Welt unterhalten, haben weder Zeit noch Stimmung, in vergilbten Briefen und Pergamenten nach alten ›Rechten und Privilegy‹ zu forschen. Der Hauensteiner dagegen sitzt auf seinen Bergen fest; die Heimat mit ihrer Rauheit und Öde, mit ihrer winterlichen Schneelast und ihrem schwermütigen Tannendunkel ist ihm lieber als die ungewisse Fremde; höchstens fährt er einmal mit einem Wagen Holz nach Basel oder geht, wenn er seinen unvermeidlichen Prozeß beim Amt verloren hat, über die Berge nach Freiburg zum Advokaten.« Scheffel beschreibt diese Hotzenwälder als halstarrig, traditionsversessen und renitent, zumal ihnen nur das Faustrecht und die Sippschaft etwas gilt, wie es heutzutage von afghanischen Stammesfürsten berichtet wird, die alles, nur nicht einsehen wollen, daß Gesetze für alle gelten. Wie diese Leute gewirkt haben müssen, verrät eine Stelle in Berthold Auerbachs 1846 erschienener Erzählung *Die Frau Professorin*, in der ein Wirt zu einem Gast sagt: »Man meint, Ihr wäret ein alter Hauensteiner Salpeterer, Ihr habt ja einen ganzen Wald im Gesicht, Rottannen und Blutbuchen.« Ob sie Freiheitskämpfer oder ein reaktionäres Pack gewesen sind, darüber kann man sich endlose Schlagwortschlachten liefern, wobei es schwer sein wird, sie im Namen irgendeiner Emanzipationsbewegung ideologisch zu vereinnahmen.

Fest steht jedenfalls, daß sie Anfang des 18. Jahrhunderts gegen das Kloster Sankt Blasien aufmarschieren und dessen Schriften, Dokumente und Bücher derart zerstören, daß man, wie der spätere Abt Gerbert schreibt, bis zu den Knien in den zerfetzten Urkunden habe waten können. Daraufhin schicken sie Abgesandte nach Wien, die sich vom Kaiser bestätigen lassen, daß sie sich von der Leibeigenschaft des Klosters ab sofort freikaufen können. Kurioserweise gilt ihnen hundert Jahre später just jene katholische Kirche, von der sie sich noch vor kurzem ausgepreßt fühlten, als Schutz- und Trutzburg gegen die aus Frankreich herüberwehenden Gleichheits- und Freiheitsgedanken. Am allerwenigsten wollen sie zu jenem neu geschaffenen Land namens Großherzogtum Baden gehören, das ihnen 1806 Napoleon beschert hat, sondern habsburgisch bleiben, um ihre Kinder nicht in Schulen schicken zu müssen, deren Unterrichtsbücher von den gleichen Karlsruher Protestanten verfaßt werden, die sich erdreisten, katholische Feiertage mir nichts, dir nichts abzuschaffen. Als einzige Herren wollen sie den Kaiser und den Papst anerkennen, was ihnen schon deshalb nicht schwerfällt, weil die beiden weit weg sind und eh keine Zeit haben, sich in Schwarzwälder Dorfhändel einzumischen. Nachdem die Salpeterer ihre Kinder weder zur Schule gehen noch gegen Pocken impfen lassen wollen und sich gleichermaßen weigern, Steuern zu zahlen, wie sie den wegen der vielen Brände erstmals eingesetzten Kaminfegern Zutritt zu ihren Häusern verwehren, da es in ihren Augen allesamt staatliche Spitzel sind, werden ihre Anführer schließlich nach Siebenbürgen und ins Banat verbannt.

Daß andere Schwarzwaldbauern der Revolution weniger reserviert gegenüberstehen, belegen die Tagebuchaufschriebe jenes Philipp Jakob Herbst, in dessen Wiesentäler Pfarrhaus Johann Peter Hebel ein und aus gegangen ist. »Die Armen«, lesen wir bei ihm, »freuen sich sehr auf die Franzosen. Sie erwarten eine gänzliche Umänderung der Welt und meinen, die Armen bekämen jetzt große Bauernhöfe, und die Reichen würden ihre Tagelöhner.« Daß es nicht ganz so kommen sollte, mußten auch sie erleben. Schließlich bachte die Neuordnung der Länder nicht wie links des Rheins eine Republik, sondern ein Großherzogtum hervor, was nicht zuletzt Metternich zu verdanken war, der in Straßburg studiert hatte und dessen Mutter vom Schloß Munzingen bei Freiburg stammt. Deren Nachfahren, die Grafen von Kageneck, wechselten wie so manche Adligen später ins Winzergeschäft und wurden mit ihrem Munzinger Sekt bekannt, der inzwischen von der Breisacher Winzergenossenschaft hergestellt wird.

»Wer durch Schwaben reist, der sollte nie vergessen, auch ein wenig in den Schwarzwald hineinzuschauen; nicht der Bäume wegen … sondern wegen der Leute, die sich von den andern Menschen ringsumher merkwürdig unterscheiden«, beginnt Hauffs Märchen *Das kalte Herz*, in dem Gestalten wie der Kohlenmunkpeter, der Holländer-Michel und das Glasmännlein fürs Unheimliche sorgen. Kommt man vom Wiesental her, gelangt man über die vermutlich kurvigste Strecke der Welt, die sich endlos hinzuziehen scheint und auf der häufiger als anderswo Füchse, Rehe und Hasen die Straße kreuzen, nach Gersbach hinauf, wo sich die Welt auf einmal öffnet, man unverhofft den Himmel wieder sieht und von hell leuchtenden Matten umgeben ist, auf denen vereinzelt Kühe weiden, die nur davon träumen können, sich einmal durch eine fette Wiese fressen zu dürfen. Sollte es stimmen, daß die Größe eines Misthaufens den Wohlstand eines Bauern anzeigt, wie Mark Twain während seiner

Schwarzwaldreise notierte, dann läßt sich hier wenig Wohlstand ausmachen. Und selbst an Sommerabenden sind die Stunden gezählt, da man im Gasthaus *Mühle* auf der Terrasse sitzen kann, außer man nimmt auch im Juli eine dicke Jacke mit auf den Weg. Nicht zufällig reichen dort oben die Dächer der Schwarzwaldgehöfte fast bis zum Erdboden hinab, wodurch sie den ums halbe Haus reichenden Balkon vor Wind und Wetter schützen. Wer in dieser Abgeschiedenheit nachts allein unterwegs ist, weiß, wie schnell man hinter jedem Baum etwas Gespenstisches entdecken und von jetzt auf gleich abergläubisch werden kann, auch wenn man ansonsten einen nüchternen Kopf besitzt.

Anfang des 16. Jahrhunderts, also knapp zweihundert Jahre, bevor es mit den Salpeterer-Unruhen losging, beriefen sich die Aufständischen in den Bauernkriegen ebenfalls auf alte Rechte und eine gottgewollte Ordnung, als sie gegen die Lehnsherren und Pfaffen vorgingen. Eine Legende erzählt, das Faß sei damals deshalb übergelaufen, weil die Amtsleute des Grafen von Lupfen im Herrschaftsbereich Stühlingen, der an den Hotzenwald grenzte, einen Bauern zum Sammeln von fünftausend Schneckenhäusern gezwungen hätten, da er die Frechheit besessen habe, um die Hand des Burgfräuleins anzuhalten. Dabei waren diese Schnecken nicht einmal dafür bestimmt, als Vorspeise mit zerlassener Knoblauchkräuterbutter auf den Tisch zu kommen, vielmehr wollte die Gräfin bloß ihr Garn um sie wickeln. Auch Graf Froben Christoph von Zimmern aus Meßkirch erzählt in seiner damals verfaßten, berühmt gewordenen *Zimmerschen Chronik*, der *ufrur der paurn* habe hier unten aufgrund des schikanösen Schneckensammelns seinen Ausgang genommen. Es habe, so schreibt er weiter, viele *winkelpredigten* und *allerlai meutereien* gegeben, mit denen die Aufständischen *Mösskirch* in eine evangelische Stadt hätten verwandeln und deshalb alle Huren aus der Stadt jagen wollen, worauf ein Spaßvogel namens Jörg Schüßlendreher zu bedenken gegeben habe, daß man sich dann sein Essen gleich selber kochen könne, weshalb er fast erschlagen worden wäre und nur durch die vom Vogt angeordnete Gefangennahme mit dem Leben davongekommen sei.

Im dörflichen Freiburger Stadtteil Lehen, einem Zentrum der Aufstände, erinnern eine Bundschuhstraße, ein Bundschuhplatz und eine Bundschuhhalle an den Namen der damaligen Bauernbewegung, deren Anführer Jos Fritz selbstverständlich auch eine Straße besitzt. Der Zwiebelturmkirche schräg gegenüber läßt ein hohes Haus mit grünen Läden, Walmdach, schlankem Kamin, biederen Gardinen und einer Milchglasfenster-Eingangstür, die vom Sperrmüll stammen könnte, kaum noch erahnen, daß es sich um eine Burg aus damaliger Zeit handelt, fielen einem über dem Eingang nicht die nebeneinander angebrachten steinernen Wappen mit dem österreichischen Doppeladler und Freiburger Georgskreuz auf, und stünden drumherum nicht gedrungene Seitengebäude mit mächtigen Gemäuern. Der aus dem Kraichgau stammende Jos Fritz versammelte bereits einige Jahre, bevor um 1524 die Bauernkriege in weiten Teilen Deutschlands ausbrachen, zwischen Bruchsal und dem Bodensee immer wieder Revoltierende um sich, weshalb er jahrelang verfolgt wurde, sich jedoch eine Zeitlang in Lehen als sogenannter Bannwart niederlassen konnte, dessen Aufgabe im Hüten der Rebhänge bestand, was ganz konkret heißt, daß er kurz vor der Erntezeit als lebende Vogelscheuche mit einer Rassel oder einer fürchterlich kreischenden gefangenen Amsel durch die Weinberge stapfen mußte. Weil er als ein solcher Lumpenbauer, wie die Bannwarte in einem Lied geheißen wurden, nichts mehr zu verlieren hatte, organisierte er von Lehen aus jene Bundschuhbewegung, die Schlösser und Klöster in Brand setzte, um sich aus der Leibeigenschaft zu befreien. Heute ist der linke Freiburger Traditionsbuchladen nach Jos Fritz benannt, und weil man bei den Wyhler Anti-KKW-Demonstrationen in den siebziger Jahren natürlich das Gefühl haben wollte, in einer mächtigen subversiven Herkunft zu wurzeln, wurde der Lehener Bauernführer als Ahne angerufen, in dessen Namen das Zurück zur Natur, die Internationale der badisch-elsässischen Freundschaft und die Revolution im allgemeinen besungen wurden.

Auch die beiden Maler Matthias Grünewald und Jörg Ratgeb erinnern hier unten an die Bauernkriege, da beide der Komplizenschaft mit den Aufständischen angeklagt waren, wobei Grünewald lediglich vom Mainzer Hof gejagt wurde, während man Ratgeb in Pforzheim geviertelt hat.

Sein Ende hatte er auf einem seiner Gemälde, das drei gefesselte Mönche zeigt, die von Pferden zu Tode geschleift werden, bereits vorweggenommen. Grünewalds berühmtestes Werk, der Isenheimer Altar mit seinen fast schon comicartig grotesken Gestalten und kühnen Farben, kann man im Colmarer Unterlindenmuseum bestaunen, das in einem ehemaligen Kloster untergebracht ist, dessen Kreuzgang neben diesem Altar allein schon eine Reise wert ist. In Grünewalds Kreuzigungsszenen und seinen waldigen Eremitenklausen mit ihren gruseligen Tierfratzen kann man kaum etwas Erlösendes, sondern fast nur Schrecken und Irrsinn entdecken. Auch wenn solche Gemälde weit mehr als bloß Ausdruck ihrer Zeit sind, scheint es ausgeschlossen, daß sie in Italien hätten entstehen können, wo damals ein Renaissancepalast nach dem anderen errichtet wurde und Michelangelo für öffentliche Plätze athletische Männerschönheiten modellierte.

Wenige Jahre, bevor hier Burgen und Klöster brennen, genauer gesagt im Jahre 1507, erfindet ausgerechnet ein Freiburger Amerika. Es handelt sich um Martin Waldseemüller, der eine neue Weltkarte nach den Skizzen von Amerigo Vespucci zeichnet, welcher eben erst die Küsten Südamerikas umsegelt hat, das damals natürlich noch nicht Südamerika hieß. Von Kolumbus weiß Waldseemüller damals so gut wie nichts, weshalb er den neuen Kontinent Vespucci zu Ehren mit dessen Vornamen tauft, woraus schließlich »Amerika« wird. Und deshalb verdanken auch die USA ihren großmächtigen Namen niemand anderem als einem Freiburger, von dem sie eines der vier noch erhaltenen Exemplare seiner Weltkarte in der Washingtoner Library of Congress aufbewahren.

Danach kommt der Dreißigjährige Krieg, und dann die Gegenreformation, der wir die vielen Barockkirchen verdanken, und danach wiederum die sogenannte Aufklärung. Zwar meinen manche Protestanten bis heute, das Licht der Vernunft habe man in erster Linie ihnen zu verdanken, womit sie sich täuschen. Denn weder ist an der Habsburger Jesuiten-Universität in Freiburg einer antiaufklärerischen Düsternis gehuldigt worden, noch waren die Klöster ein Hort dumpfer Mystik. Bezeichenderweise konnten in der von Diderot und d'Alembert herausgegebenen *Encyclopédie* die Jesuiten sogar seitenweise Abgeschriebenes aus ihren eigenen wissenschaftlichen Schriften entdecken, was insofern kein Wunder war, als die Verfasser der zahllosen Beiträge innerhalb kürzester Zeit ein Wissen zusammentragen mußten, das nirgends sonst als in den kirchlich geprägten Universitäten und klösterlichen Bibliotheken zu finden war. Daß Vernunft und Bibelkunde sich bestens vertragen, davon sind katholische Theologen seit den scholastischen Disputationen im Mittelalter überzeugt, während dagegen ein Luther und Melanchthon die Vernunft für eine Hure halten, der heute dies und morgen jenes gerechtfertigt erscheint, weshalb sie in den Augen dieser beiden weit weniger Wert als der bloße Glaube besitzt. Die Klöster waren aber nicht nur deshalb kleine Gelehrtenrepubliken, weil dort seit Jahrhunderten Schriftstudien betrieben wurden, sondern weil deren botanische, chemische, physikalische Studien ganz praktisch dazu geführt hatten, daß die Landwirtschaft und der Weinbau verbessert wurden oder etwa im Schwarzwald die Uhrenindustrie in Gang kam und für einen bescheidenen Wohlstand sorgte, der in diesen steinigen Höhen mit Viehzucht allein niemals zu erwirtschaften gewesen wäre. In Sankt Peter und Sankt Blasien wurde sowohl für Jungen als auch Mädchen die allgemeine Schulpflicht eingeführt, was den meisten Bergbauern, die ihre Kinder aufs Feld zum Arbeiten mitnehmen wollten, zum Teil überhaupt nicht recht war. Um Druck zu machen, wurden die Eltern in Arrest genommen, wenn ihre Kinder den Unterricht versäumt hatten.

Ging jemand die Freigeisterei eines Voltaire dann aber doch zu weit, wurde darauf vertraut, daß die allermeisten Untertanen sich die reichlich teure, einundsiebzig Bände umfassende Gesamtausgabe seiner Werke eh nicht leisten konnten. Kardinal Rohan, der Fürstbischof von Straßburg, dem auch die Ortenau untertan war, hatte zwar dagegen protestiert, daß Beaumarchais sie in Kehl herausbrachte, doch ihm wurde beschieden, es könne dem Kaiser Joseph wohl kaum gefallen, wenn all das, was einem nicht paßt, sofort verboten werde. Mit seinen sogenannten josephinischen Reformen wollte er schließlich erreichen, daß nicht mehr der Papst und die Bischöfe über Wohl und Wehe der geistigen Gesundheit bestimmen, sondern jedes nur erdenkliche freie Denken erwünscht sei, solange es nicht die Monarchie selbst in Frage stellt. Damit der aufbegehrende Vatikan kuschte, drohte er mit der Gründung einer eigenen Staatskirche, so daß Rom, wäre es tatsächlich so weit gekommen, neben der anglikanischen noch eine habsburgische Abspaltung hätte ertragen müssen. Seit Kaiser Josephs Regentschaft stand die Freiburger Jesuiten-Universität nicht mehr nur für Christen offen, weshalb bei der Immatrikulation die Eidesformel auf die Unbefleckte Empfängnis gestrichen wurde.

Ist vom aufgeklärten Absolutismus die Rede, kommt einem in erster Linie der französisch parlierende, Flöte spielende und mit Voltaire diskutierende Preußenkönig Friedrich der Große in den Sinn, doch man müßte dabei genauso an Joseph II. und seine mitregierende Mutter Maria Theresia denken, auch wenn man das Habsburgerreich nicht gleich wie der protestantische schlesische Barockdichter Johann Christian Günther als ein Arkadien besingen und Maria Theresias Vater, Kaiser Karl VI., als einen neuen Salomon preisen muß, der inmitten eines bebenden Europas »die göldne Zeit im Winkel« eingeläutet hat. Maria Theresias Tochter Marie Antoinette wiederum kam als fünfzehnjähriges Kind auf dem Weg zu ihrem künftigen Gatten Ludwig XVI. anno 1770 nicht nur durch meinen habsburgischen Donau-Heimatort Oberdischingen, sondern wurde mit allem Pomp auch in Freiburg empfangen, wo auf ihren

Befehl hin zuvor die Häuser geweißelt werden mußten, was mit der gesamten Straßenbepflasterung, den Umzügen, Theater- und Ballettaufführungen, nächtlichen Illuminationen und allem Drum und Dran so teuer kam, daß man den Wiener Hof um eine Vorfinanzierung ersuchte, was dort alles andere als positiv aufgenommen wurde. Diese Reise nach Paris sollte ihr nicht bloß deshalb wenig Glück bringen, weil ihr Gatte sich nicht im geringsten für sie interessierte, sondern ihr Leben bekanntlich durch die Guillotine beendet wurde.

Was den bereits erwähnten Kardinal Rohan anbelangt, so wird er in der barocken Kleinstadt Ettenheim, die zwischen Lahr und Freiburg liegt, nach einem Leben in Pariser Palästen seine letzten Jahre verbringen. Weit über Frankreich hinaus bekannt wird er durch jene Halsbandaffäre, in der Napoleon sogar die Hauptursache der Revolution sehen will. Den Kardinal kostet sie etliche seiner kirchlichen Titel, was jedoch nicht verhindern kann, daß er kurze Zeit später seinem Onkel auf den Sessel des Straßburger Fürstbischofs nachfolgt, wodurch er ebenfalls geistlicher und weltlicher Herr über jene rechtsrheinischen Gebiete wird, die nicht zum Bistum Konstanz, sondern zum Bistum Straßburg gehören, wozu auch Ettenheim und fast die gesamte Ortenau zählen. Was die Pariser Halsbandaffäre angeht, so ist im Vergleich mit ihr eine Molièresche Komödie reichlich schlicht gestrickt. Schließlich gehört zu ihr bereits eine Vorgeschichte, die in Wien zu jener Zeit spielt, als

Louis René Édouard de Rohan-Guemenée, wie er mit vollem Namen heißt, dort königlicher französischer Gesandter ist und nicht wenig Umgang mit Frauen pflegt. Eines Tages glaubt er, Königin Maria Theresia petzen zu müssen, daß ihre Tochter Marie Antoinette nicht gerade zu den Keuschesten gehört, worauf die Königin dafür sorgt, daß er seine Koffer packen muß. Da er in Wien nicht ahnen kann, welche Rolle Marie Antoinette bald in Paris spielen wird, könnte er sich ein paar Jahre später die Haare ausraufen, zumal er sich neben den zahllosen Titeln, die seinen Namen bereits zieren, auch noch gerne mit dem eines Ministers schmücken möchte, wozu er jedoch Marie Antoinettes Gunst besitzen müßte. Da sie ihn aber keines Blickes würdigt, versucht er über Beziehungen an sie heranzukommen, was schließlich auch zu gelingen scheint, da eine gewisse Gräfin de la Motte, mit der Rohan ein Verhältnis hat, ihm verspricht, eine Verbindung herzustellen. Voraussetzung dafür sei, daß er bei einem Juwelier ein diamantenes Halsband ersteht, das – in heutigen Zahlen ausgedrückt – mehrere Millionen wert ist. Für den Kardinal ist das kein allzu großes Problem, schließlich besitzt er Geld wie Heu. Nur ahnt er nicht, daß Madame de la Motte eine verarmte Adlige ist, die sich als eine Art fürstliche Prostituierte über Wasser hält und mit dem gräflichen Großbetrüger Cagliostro unter einer Decke steckt. Diese beiden wissen wiederum, daß besagter Juwelier eine Kette angefertigt hat, deren Auftraggeberin inzwischen offensichtlich das Geld ausgegangen ist.

So wie es aussieht, kann sich das Schmuckstück außerhalb des Königshauses kaum noch jemand leisten. Der erotisch leicht erregbare Kardinal weiß aber nicht, daß Marie Antoinette das Collier bereits angeboten bekommen, es jedoch mit der Bemerkung zurückgewiesen hat, man könne dafür die französische Armee mit einem Kriegsschiff ausstatten. Ebensowenig kann er wissen, daß jene unverhofften Antwortbriefe, die Marie Antoinette ihm auf einmal schickt und die von Tag zu Tag leidenschaftlicher klingen, von seiner Mätresse Madame de la Motte geschrieben werden. Da alles wieder gut zu werden scheint, bittet der Kardinal seine Mittlerin, für ihn ein Stelldichein mit der Königin zu arrangieren. Tatsächlich treffen die beiden sich in den Gärten von Versaille in einer Sommernacht, wobei der Kardinal der Königin zum Abschied eine Rose in die Hand drückt und sie ihm im Gegenzug verspricht, daß seine Wiener Intrige für immer vergessen ist. Daß unter den königlichen Kleidern nicht die Königin, sondern eine Prostituierte steckt, die ihr ähnlich sieht, merkt er nicht. Weshalb er von da an mit größtem Vergnügen alles Gold und Geld ausgibt, um die Königin und ihre Freundin Madame de la Motte in allem, was die beiden sich wünschen, zu unterstützen. Als Madame de la Motte ihm auch noch die Nachricht überbringt, Marie Antoinette wolle das Collier über eine Person ihres Vertrauens tatsächlich erwerben, sieht er seine Zeit gekommen. Er überbringt dem Juwelier eine Handschrift der Königin, nimmt das Halsband in Empfang und übergibt es einem ihrer Kammerdiener. Weil der Juwelier jedoch nie Geld sieht, sondern nur Schuldscheine von Kardinal Rohan in Händen hält, wendet er sich schließlich an die Königin persönlich, die von alldem nichts weiß. Daraufhin wird Kardinal Rohan in die Bastille abgeschleppt und Madame de la Motte zu lebenslanger Haft verurteilt, während ihr Mann längst nach England geflohen ist. Bis heute ist ungeklärt, ob Madame de la Motte die Königin überhaupt gekannt oder ob die Königin sie dazu benutzt hat, Kardinal Rohan in den Ruin zu treiben.

Goethe, der bekanntlich kein Freund der Revolution war, hat diese Geschichte derart aufgebracht, daß er nicht nur nachvollziehen konnte, warum die Leute auf die Barrikaden gehen; er hat den Stoff auch in einem – so gut wie nie gespielten – Drama mit dem Titel *Der Großkophta* verwertet, aus dem er sogar ein Libretto machen wollte. Doch ungeachtet dessen wird Kardinal Rohan nach zehnmonatiger Haft von Ludwig XVI. noch für eine Weile in die Auvergne verbannt, bevor er wieder nach Straßburg zurückkehren kann, von wo er wiederum ein paar Jahre später vor den Jakobinern auf die zum Bistum gehörenden rechtsrheinischen Güter nach Ettenheim flüchtet. Selbstverständlich geht er davon aus, daß der Revolutionsspuk bald ein Ende hat und er mit Glanz und Gloria nach Frankreich zurückkehren kann. Im benachbarten Grafenhausen, einem heutigen Straßendorf, das nichts von seiner alten Pracht bewahrt hat, wird zu diesem Zweck eine konterrevolutionäre Armee zusammengerufen, was zur Folge hat, daß dort vor allem Mädchen vergewaltigt und Gattinnen außerehelich geschwängert werden, weshalb Duelle an der Tagesordnung sind und nur die Wirte sich darüber freuen können, daß so viel los ist im Dorf. Als die Franzosen den Rhein überqueren, flüchtet der längst hochverschuldete Kardinal in die Schweiz und nach Österreich, um sich nach dem Frieden von Lunéville erneut nach Ettenheim zurückzuziehen, wo ihn im Jahre 1803 eine Grippe-Epidemie hinwegrafft.

Im Grunde geht Kardinal Rohan, mangels anderer Möglichkeiten, erstmals in Ettenheim seinem Bischofsberuf nach. Von Theologie hat er Zeit seines Lebens nicht viel verstanden, schließlich haben ihn weltliche Angelegenheiten von früh an weit stärker als sakrale Dinge in Anspruch genommen. Ein Jahr vor seinem Tod vermählt er in Ettenheim noch seine Nichte Charlotte de Rohan mit dem Herzog von Enghien, dessen Mutter in Marseille im Gefängnis sitzt und auf ein Todesurteil durch die Guillotine gefaßt ist. 1804 wird der 32jährige Herzog von französischen Soldaten aus Ettenheim abgeführt und in Vincennes erschossen, da Napoleon fürchtet, als Sprößling der Bourbonen-Dynastie könnte er Ansprüche auf die Thronfolge anmelden. Bis heute behaupten die einen, diese Befürchtung sei vollkommen absurd gewesen, weil der Herzog von Enghien innerhalb der Prinzengalerie an allerletzter Stelle gestanden habe, während andere darauf hinweisen, daß in Straßburg ein konterrevolutionäres Agentennetz existiert hat, dessen Anführer er gewesen sein soll.

Längst liegt Ettenheim noch weit mehr im Abseits als damals, doch man kann von Glück sagen, daß die Stadt in den siebziger Jahren kein Geld gehabt hat und deshalb die alten Häuser keinen Radikalkuren zum Opfer fielen. Versucht man, sich die üblichen Straßen-, Laden- und Wirtshausschilder wegzudenken, meint man dort, vor allem nachts unter den schummrigen Laternen, tatsächlich durch Zeiten zu spazieren, in denen noch nicht einmal Spitzweg gelebt hat. Daß der durch Rohan aufgekommene Ruhm verblaßt ist, muß einen bei einem Städtchen, dessen Gassen man recht schnell abgelaufen hat, kaum wundern. Schließlich drohte sogar Freiburg die Gefahr, zur Provinz zu verkommen, nachdem Napoleon den deutschen Flickenteppich aufgelöst und die Stadt dem Großherzogtum Baden einverleibt hatte. Durch die zwangsweise Abwanderung von Wissenschaftlern, die eine Mönchskutte trugen oder sonstwie zur Kirche gehörten, war nicht klar, ob die ehemalige Jesuiten-Universität weiterhin eine Bedeutung besitzen würde oder fortan vor allem Kühe, Hühner und Schweine das Straßenbild prägen sollten. Immerhin muß das ländliche Treiben damals derart überhandgenommen haben, daß die Stadtvorderen sich genötigt sahen, eine Verordnung zu erlassen, die es verbot, pro Tag mehr als ein einziges Stück Vieh zur Tränke an die städtischen Brunnen zu führen.

Weil durch die Säkularisierung die Klöster auf einmal

dem Großherzogtum Baden gehören, das infolge der neu hinzugekommenen Landesteile auch noch in den Besitz weiterer Schlösser und luxuriöser Amtshäuser gekommen ist, die alle unterhalten werden wollen, wozu noch erhöhte Ausgaben für den größeren Hofstaat, das mächtiger gewordene Heer und den anschwellenden Beamtenapparat kommen, sind die Kassen in Karlsruhe immerzu leer. Deshalb überlegt man sich dort, jene beiden Universitäten in Freiburg und Heidelberg, die bislang eh nicht zum Territorium gehört haben, schlichtweg abzuschaffen. Daß es nicht so weit kommt, ist vor allem Leuten wie dem Freiburger Historiker und Juristen Carl von Rotteck zu verdanken, der gegen die Karlsruher Geistlosigkeit anrennt und sich damit in großherzoglichen Kreisen mehr Feinde als Freunde macht, zumal er auch noch die erste unabhängige deutsche Tageszeitung herausgibt, die den programmatischen Namen *Der Freisinnige* trägt. Daß jener Rotteckring an ihn erinnert, an dem in Freiburg die geisteswissenschaftlichen Uni-Gebäude und das Theater liegen, ist sozusagen mehr als recht und billig, wenn man bedenkt, daß ohne ihn und seinesgleichen das heutige Freiburg nicht viel mehr als Ökogemüse und ein bißchen Kleinindustrie zu bieten hätte. Noch in josephinischer Zeit aufgewachsen, erlebt Rotteck Aufstieg und Fall Napoleons, formuliert die liberale badische Verfassung mit und fordert nicht nur die uneingeschränkte Pressefreiheit, sondern auch den freien Zugang zum Studium für alle Bildungswilligen ein. Darüber, daß Rottecks zensurfreies

Blatt über die Region kaum hinauskommt, meint wiederum Ludwig Börne spotten zu müssen, der sich 1832 in Freiburg aufhält und den Vorschlag macht: »In der Zeit von acht Tagen könnte ich dem *Freisinnigen* einen Ruf durch ganz Deutschland verschaffen. Aber ohne Geld ist kein Börne zu haben.«

Nicht gerade weltgeschichtlich relevant, doch umso rätselhafter bleibt bis heute eine Geschichte, die mit einem Freiburger Grabstein zusammenhängt, der auf dem Alten Friedhof in Herdern vor hundert Jahren beseitigt worden ist, da auf ihm ständig das Wort Mörder zu lesen war, sooft man es auch entfernen ließ. Es handelt sich um den Grabstein eines badischen Majors namens Hennenhofer, der am Hof des Großherzogs Leopold als Mann fürs Grobe bekannt war. Nach seinem Tod im Jahre 1850 beschlagnahmten Beamte seine Papiere und Tagebücher, was den Verdacht verstärkte, daß er im Auftrag des Hauses Baden einen möglichen Thronfolger aus der Welt geschafft hatte, der unter dem Namen Kaspar Hauser berühmt geworden ist. Was an dieser Geschichte erfunden ist und was nicht, kann niemand mit Gewißheit sagen. Doch nachdem dieser Findling eines Tages in Nürnberg aufgetaucht war, interessierten sich für ihn sogleich eine Reihe wichtiger Herren, unter denen es auch zwielichtige Gestalten gegeben haben soll. Die Prinzen-Legende hat als erster der für seine Strafrechtsreformen berühmt gewordene Anselm von Feuerbach aufgebracht, der auch Kaspar Hausers Vormund war. Obwohl der bayrische König Ludwig I. eine immense Summe zur Ergreifung des Mörders aussetzte, konnte nie herausgefunden werden, wer es war. Weil Anselm von Feuerbach wiederum kurz vor Kaspar Hausers Tod während eines Aufenthalts in Frankfurt überraschend starb und dabei reichlich gelb im Gesicht ausgesehen haben soll, kam auch der Verdacht auf, es könnte Arsen im Spiel gewesen sein. Schließlich soll er auf seiner Reise nach weiteren Beweisen für seine Erbprinzentheorie gesucht haben.

Sollte seine Vermutung zutreffen, kann das nur bedeuten, daß es sich um einen Sohn des Großherzogs Karl Friedrich und dessen Frau Stéphanie handelte, welche wiederum die Adoptivtochter von Napoleon war, was bei manchen auch den Verdacht aufkommen ließ, das Kind habe deshalb weggeschafft werden müssen, weil es in Wirklichkeit die Frucht einer Liebesnacht zwischen Napoleon und seiner Stieftochter gewesen sei. Doch die weit häufiger anzutreffende These lautet, der damalige Regent Leopold von Baden, ein Sohn aus der zweiten Ehe Karl Friedrichs mit der Gräfin Hochberg, sei unrechtmäßig auf seinem Großherzogstuhl gesessen, zumal nach der offiziellen Erbfolgeregelung allein Kinder aus der ersten Ehe dafür in Frage hätten kommen dürfen.

Just hier setzt jene Legendenbildung ein, derzufolge die herrschgierige Gräfin Hochberg aus ihrem vierzig Jahre älteren Gatten in der Hitze der Hochzeitsnacht das Versprechen herausgelockt haben soll, daß ihre Kinder im Falle eines Ablebens der drei bereits vorhandenen Söhne die Thronfolge antreten dürften. Rein rechnerisch war das schier unmöglich, zumal einer der drei selbst schon einen Sohn hatte, dem rechtmäßigerweise noch vor jenen Kindern der Gräfin Hochberg, welche ja erst als Idee existierten, die Nachfolge zustand. Daß ausgerechnet dessen Vater als einziger Mitreisender bei einem Schlittenunglück zu Tode kam und von da an dessen Sohn von seinem liederlichen Onkel, der wiederum ein Verhältnis mit der Gräfin Hochberg gehabt haben soll, in die Verwahrlosung getrieben wurde, scheint zum Intrigen-Puzzle bestens zu passen. Trotzdem kann man sich des Gefühls nicht erwehren, daß hier reichlich Vieles zurechtkonstruiert werden muß, um eine fixe Idee als in sich stimmig erscheinen zu lassen. Die Verbrechenstheoretiker entmutigt das aber nicht, immer weitere Indizien zusammenzutragen, die das Haus Baden als Mördergrube erscheinen lassen. Und so hält auch die Geschichte mit dem weggeschafften Grabstein einen Krimi wach, dessen Ineinander aus Mysteriösem, Diabolischem und erbarmenswerter kindlicher Unschuld sich wie ein romantischer Schauerkrimi ausnimmt. Weil zudem das Gerücht umgeht, Max von Baden, der als letzter Reichskanzler des Kaiserreiches Ende der zwanziger Jahre auf Schloß Salem gestorben ist, habe Kaspar Hausers Gebeine in die Pforzheimer Ahnengruft überführen lassen wollen, wo auch Karl Friedrich und Stéphanie und jenes Kind liegen, von dem behauptet wird, es sei ein vertauschtes, fordern nach wie vor manche Leute, man möge die Gruft endlich öffnen und einen Gentest vornehmen.

Ganz unabhängig von solchen Geschichten beginnen sich zur damaligen Zeit in Baden die Anzeichen für eine Revolution zu mehren. Anders als im restlichen Deutschland will man sich hier unten nicht mit Forderungen nach einer konstitutionellen Monarchie zufriedengeben, sondern eine Demokratie ausrufen, die frei von allen absolutistischen Überresten ist. 1847 versammeln sich im Festsaal des Offenburger Wirtshauses *Salmen* an die tausend Leute, um sich auf *Forderungen des Volkes* zu einigen, deren feierlicher Formulierung sie die Bemerkung voranstellen: »Es war ein Fest männlicher Entschlossenheit ... Jedes Wort, was gesprochen wurde, enthält die Aufforderung zu thatkräftigem Handeln.« Im Jahr darauf sorgt die Pariser Februarrevolution dafür, daß von diesem Handeln nicht mehr nur geredet wird, sondern in Offenburg erneut zwanzigtausend Demonstranten zusammenkommen, was den badischen Abgeordneten Friedrich Hecker, dessen Ideen im Parlament eh keine Mehrheiten finden, dazu ermutigt, von Konstanz aus in Richtung Karlsruhe einen Zug von Freischärlern anzuführen. Innerhalb weniger Tage bringt er es von dreißig auf achthundert Mann, was aber nie und nimmer ausreicht, um einer ganzen Armee standzuhalten. Weil seine Truppe bereits in der Nähe von Kandern niedergeschlagen wird, flieht Hecker in die Schweiz und schreibt an seine Mitkämpferin Emma Herwegh: »Mich zieht es heimwärts, nach der Heimat, wohin ich mich seit vierzehn Jahren sehne, nach dem Westen Amerikas.«

Hundert Jahre zuvor waren es arme Bauern, unter ihnen auch viele aus dem Schwarzwald, die in die Neue Welt auswanderten, jetzt sind es Helden, die wie Hecker in Straßburg von einer jubelnden Menge verabschiedet und in New York von zwanzigtausend Applaudierenden begrüßt werden. Die einen wollten, wie man es von den Salpeterern bereits hierzulande kannte, ihren Kindern dort drüben den Schulbesuch verbieten, damit sie nichts lernen, was den aus Triberg oder Hornberg mitgeschleppten Sitten zuwiderlaufen könnte, während jene *Forty-Eighters* wie Carl Schurz oder Hecker zuallerletzt an alten deutschen Bräuchen festhalten, sondern gegen die Sklaverei in den Südstaaten angehen und die Demokratie noch demokratischer machen wollten. Auch Ludwig Blenker, ein pleite gegangener Wormser Weinhändler, der mit seinen Freischärlern das Schloß Eberstein über dem Murgtal geplündert hat, bevor er von den preußischen Truppen besiegt worden ist, sollte während des Amerikanischen Bürgerkriegs als Brigadegeneral auf der Seite Lincolns kämpfen, obwohl man ihm hierzulande nachgesagt hat, er sei nur deshalb zu den Aufständischen übergelaufen, weil die Wormser ihn nicht zum Bürgermeister gewählt hätten.

Während Liberale wie der Freiburger Carl von Rotteck den Achtundvierzigern Maßlosigkeit vorwarfen, weil sie sich ein Staatswesen ohne jeden monarchischen Überbau erkämpfen wollten, hatte Karl Marx aus Trier wieder einmal nichts Besseres zu tun, als sich über die dahergelaufene badische Revolutionsmeute lustig zu machen. Weil Hecker und seinesgleichen das Privateigentum nicht auch noch gleich abschaffen wollten, waren diese Leute in seinen Augen bloß kleinbürgerliche Hanswurste. Daß Marx selbst nie einen Finger krumm gemacht hat, war nur konsequent, schließlich konnte er im Namen eines Proletariatsparadieses, das die Geschichte von ihrem imaginären Ende her eschatologisch erhellen sollte, nur die Abstraktionen des Absoluten gelten lassen. Andererseits soll damals manche Schlacht tatsächlich bloß ein Scharmützel gewesen sein, das sich bei genauerem Hinsehen noch zur Kneipenschlägerei verkleinert. Es gibt sogar Stimmen, die behaupten, daß die Lust, sich massenhaft zu versammeln, dem schönen Frühsommer zu verdanken gewesen sei, worauf andere empört kontern, es hätten sich auf dem Karlsruher Schloßplatz bei strömendem Regen mehr Demonstranten eingefunden, als man bei einem solchen Wetter habe erhoffen dürfen. Während der vielen langen Reden, die auf solchen Kundgebungen gehalten wurden, flossen auch nicht nur Tränen der Begeisterung, sondern vor allem hektoliterweise Bier und Wein, weshalb etwa das berühmte Hambacher Fest in der Pfalz, bei dem der aus Lahr stammende Jurist und Dichter Philipp Jakob Siebenpfeiffer wortgewaltig nach Freiheit gerufen hat, als das größte Besäufnis in der deutschen Geschichte gilt.

Bei Hecker wiederum hat man, wie sein Brief an Emma Herwegh zeigt, kaum den Eindruck, daß er ungern nach Amerika geflohen ist. Inzwischen gilt er nur noch als der *edle Hecker*, der längst zur Legende geworden und von dem Wyhler Demonstrationsbarden Walter Moßmann als Schutzheiliger gegen das ganze Stuttgarter Schwabenpack in Beschlag genommen worden ist. Sein Hecker-Hut mit der ausladenden Feder und weit geschwungenen Krempe paßt wie nichts anderes zum Bild des romantischen Revolutionärs, auch wenn Hecker alles andere als ein Eichendorffscher Träumer war. Doch trotz dieser Heldenverehrung, die eine äußerst gemütlich wirkende Revolutionsbegeisterung zutage fördert, ist in Offenburg lediglich eine kleine Gasse nach ihm benannt, während Graf Moltke sich durch die halbe Stadt hindurch Bahn bricht. Nicht anders erlebt man es in Freiburg, wo auf subversive Traditionen zwar mächtig Wert gelegt wird, Hecker jedoch in ein Industrie- und Bürogebiet verbannt ist, wo nur ein winziger Weg an ihn erinnert, während der Kaiser Franz Joseph, der Zähringer-Fürst Bertold, der in Paris geborene Rastätter Markgraf mit Beinamen Türkenlouis und der Rheinbegradiger Tulla eine ganz andere Präsenz zeigen dürfen. Im amerikanischen St. Louis dagegen erinnert ein Gedenkstein an ihn, und in Cincinnati steht seine Büste vor dem Opernhaus.

An Carl Schurz, der es hierzulande trotz seiner spektakulären Flucht aus der Festung Rastatt nicht zur Ikone gebracht hat, erinnern in Amerika noch weit mehr Statuen, ganz zu schweigen von den vielen Schulen, Studentenheimen und selbst Schiffen, die seinen Namen tragen, was seinen Grund darin hat, daß er Berater von Präsident Lincoln und später sogar eine Art amerikanischer Innenminister war. In Freiburg ist immerhin das Deutsch-Amerikanische Institut nach ihm benannt, in dem die USA sich mit einer Bibliothek und ihren Filmklassikern präsentieren. Dafür verweisen im Badischen auch Figuren auf Hecker, von denen man es auf den ersten Blick niemals vermuten würde, zumal Katholiken in der Regel nicht zur Revolutionsavantgarde gezählt werden. Wenn jedoch der Pfarrer und Volksschriftsteller Heinrich Hansjakob sich auf seine Wanderungen durchs Land begeben hat, was häufig der Fall war, ist man ihm nie ohne seinen Hecker-Hut begegnet. Auch wenn seine Schriften reichlich bodenständig anmuten, war er alles andere als ein Vergangenheitsschwärmer. Mit der Gründung der ersten badischen Winzergenossenschaft in Hagnau am Bodensee hat er auf ganz praktische Weise fürs Soziale gesorgt. Zu ihrem 125jährigen Bestehen haben es ihm die Hagnauer mit Weinflaschen gedankt, auf denen sein Konterfei mit dem obligaten Hecker-Hut prangt. Daß man katholisch und gleichzeitig für die Revolution sein kann und sich im badischen Kulturkampf trotzdem gegen den Staat auf die Seite des Papstes stellt, wofür man in Rastatt eingelocht wird, das alles führt dieser Haslacher Pfarrer vor, der mehrere uneheliche Kinder gehabt hat, die alle von ihm versorgt worden sind.

Daß Adel sich auch selbst auslöschen kann, erlebt man zu dieser Zeit bei den Karlsruher Freiherren zu Drais, deren letzter Vertreter Karl Friedrich der Erfinder des Fahrrads ist, das damals noch ein wenig anders aussah und eher als Behelfsgerät für ein schnelleres Gehen diente. Pedale hatte es noch keine, stattdessen stützte man halb stehend, halb sitzend die Arme auf einem Bügel ab und versuchte, mit den Füßen so hurtig wie möglich voranzukommen. Weil dieses Strampeln nicht unkomisch wirkte, erntete Drais anfangs mehr Hohn und Spott als Anerkennung, was jedoch zu verkraften gewesen wäre, wenn er mit seiner *Draisine* wenigstens Geld verdient hätte. Als badischem Beamten war es ihm jedoch verboten, Geschäfte zu machen, obwohl sein Fahrrad sofort auf der ganzen Welt Interesse fand. Weil er während der 48er Revolution seinen Adelstitel abgelegt und freundliche Worte für die Demokratie gefunden hatte, wollte man ihn für geisteskrank erklären und entmündigen. Mit der Begründung, die Aufständischen müssten für alle angerichteten Schäden aufkommen, wurde sein Eigentum beschlagnahmt, weshalb er 1851 vollkommen verarmt gestorben ist. Nachfahren hatte er keine, und weil sein Vetter Johann Friedrich von Drais nicht nur zum Katholizismus konvertierte, sondern auch gleich noch Beuroner Benediktinerpater wurde, sorgten die beiden dafür, daß ihr Geschlecht sich auf natürliche Weise auslöschte.

Der Rest ist fast schon Zeitgeschichte, die aus einem langen Jahrhundert besteht, in dem Anfang der zwanziger

Jahre Matthias Erzberger während eines Spaziergangs bei Bad Griesbach, das in den schönsten Schwarzwaldhöhen unweit von Freudenstadt liegt, ermordet wird, weil er die Versailler Verträge unterzeichnet hat. Die beiden Schergen können ins Ausland entkommen, weil der in die Fahndung eingeschaltete Münchner Polizeipräsident Frick, der später in Nürnberg als Kriegsverbrecher hingerichtet werden wird, ein Gesinnungsgenosse von ihnen ist. Da Hitler die beiden nicht nur amnestiert, sondern als Helden verehrt, kehren sie bei seiner Machtübernahme nach Deutschland zurück. Der eine macht in der SS Karriere, während der andere, gegen den nach dem Krieg in Freiburg der Prozeß eröffnet wird, sich in Heidelberg als Generalvertreter einer Mannheimer Versicherungsgesellschaft niederläßt. Auf ihrer Flucht, so erzählt er während der Verhandlung, seien sie nicht nur überall mit offenen Armen empfangen worden, sondern sogar Leuten begegnet, die behauptet hätten, selbst Erzbergers Mörder zu sein, um als Helden gefeiert zu werden. Mit der Begründung, der Angeklagte sei ein anständiger Mann mit großer Vaterlandsliebe und die Amnestie von 1933 nach wie vor rechtskräftig, spricht der Richter ihn frei. Die Franzosen nehmen Erzbergers Mörder erneut fest, worauf er in Konstanz nochmals vor Gericht gestellt und zu fünfzehn Jahren Haft verurteilt wird. Wenig später ergeht an die Regierung in Bonn ein Gnadengesuch, das Bundespräsident Heuss bejaht und Kanzler Adenauer ablehnt, was dazu führt, daß man ihn 1952 freiläßt.

Anfang der dreißiger Jahre wiederum bekommt der Bürgermeister des Kaiserstühler Barockstädtchens Endingen einen Brief aus Neapel, der vom deutschen Generalkonsulat stammt und um Auskunft über die Familie Daubmann und ihren Sohn Oskar ersucht. Man meldet der Botschaft, daß Oskars Name längst auf dem Kriegerdenkmal unter der Rubrik *Vermißt* eingemeißelt ist, worauf die Nachricht, er habe sich aus französischer Gefangenschaft in Algerien befreit und gesund Neapel erreicht, nicht nur die Endinger, sondern halb Deutschland aufjauchzen läßt. Sofort werden die Fahnen gehißt, und die Gazetten fangen wieder einmal an, gegen den Erbfeind zu toben. Berlin beschuldigt Paris der Maßlosigkeit, und eine Delegation, die aus Daubmanns ehemaligem Feldwebel, Abgesandten des Badischen Kriegerbundes und einem Karlsruher Journalisten besteht, reisen dem verlorenen Sohn nach Italien entgegen, um mit ihm bei der Rückkehr erleben zu dürfen, wie fünfzehntausend Hurra-Rufer die Straßen säumen und den letzten Kriegsgefangenen nicht nur symbolisch in ihre Arme schließen.

Allein, Oskar Daubmann scheint die Jubelrufe kaum verkraften zu können, denn er bricht bei der Ankunft am Freiburger Bahnhof zusammen, was sich in Endingen wiederholen wird, als seine Eltern ihn weinend an die Brust zu drücken versuchen. Nach ein paar Tagen ist er endlich in der Lage, seine Odyssee in allen Einzelheiten zu schildern. Ihren Anfang hat sie in der Schlacht bei Grandcourt genommen, wo er, durch einen Bajonettstich verwundet, in Gefangenschaft geraten ist. Nach einem Fluchtversuch, bei dem er einen französischen Soldaten mit einer Latte erschlagen hat, wird er zu zwanzig Jahren Haft verurteilt, die er im algerischen Zuchthaus Constantine abbüßen muß. Da man ihn nach einigen Jahren zu Straßenarbeiten einsetzt, gelingt ihm eines Tages mitten in der Wüste die Flucht, auf der er sich bis Tunis durchschlagen und auf einem italienischen Schiff nach Sizilien entkommen kann.

Ein knappes halbes Jahr hält die Freude allseits an, nur daß die französische Regierung steif und fest behauptet, von einem Fall Daubmann nicht das geringste zu wissen, was den kurz vor dem Sieg stehenden Nazis, die Oskar zum Nationalhelden küren, nur wieder einmal beweist, daß die Franzosen lügen, sobald sie das Maul aufmachen. Allenfalls Oskars Eltern beginnen insgeheim darüber zu staunen, wie sehr ihr Sohn sich verändert hat, auch wenn sie ihn nur selten sehen, da er – mit lauter Kriegsauszeichnungsklunkern behangen – bei allerlei Veteranenvereinen, Regimentstagen und sonstigen Kundgebungen als Redner eingeladen wird und dabei nicht nur Joseph Goebbels als lebender Beweis dafür dient, daß man den Franzosen mehr als bloß den Versailler Vertrag heimzahlen muß. Doch obwohl Daubmann überall gefeiert wird, beginnen sich die Stimmen zu mehren, denen so manches an seiner Geschichte nicht zu stimmen scheint. Das Zuchthaus etwa, in dem er dreizehn Jahre lang einsitzen mußte, sieht laut Zeugenberichten vollkommen anders aus, als es von ihm beschrieben worden ist. Auch jene Kokosnüsse, von denen er sich auf der Flucht ernährt haben will, sind in der algerischen Wüste vollkommen unbekannt. Und auf dem Schiff, das ihn sicher nach Sizilien gebracht haben will, wurde er weder von der Besatzung noch von Passagieren bemerkt. Zu alledem findet ein Karlsruher Medizinalrat auch noch heraus, daß die ihm von einem Bajonett zugefügte Bauchwunde von einer Magenoperation stammt.

In Wirklichkeit heißt der späte Heimkehrer nicht Oskar Daubmann, sondern Ignaz Hummel. Zwei Jahre lang war er in der Endinger Volksschule Daubmanns Klassenkamerad, an dessen späteres Schicksal er sich erinnert, als er aus ganz anderen als den angegebenen Gründen auf der Flucht ist. Geboren in der Nähe von Basel, hat der mehrfach Vorbestrafte zuletzt als Arbeitsloser in Offenburg gewohnt, von wo er mit dem Fahrrad nach Italien aufgebrochen ist, nachdem er dort eine Frau geschwängert hat. Weil er nach einiger Zeit an eine Rückreise denkt, die ein bißchen gemütlicher als die Hinfahrt sein soll, kommt ihm die Idee mit der Deutschen Botschaft, von der er lediglich ein Bahnticket in die Hand gedrückt bekommen will, ohne daß dabei gleich ganz Deutschland in Erregung versetzt wird. Wäre es nach ihm gegangen, würde er in Basel den Zug verlassen und für eine Weile eh keinen deutschen Boden mehr betreten haben. Für die Vorstellung, daß sein Bittgang ihn zum berühmtesten deutschen Heimkehrer machen könnte, ist seine Phantasie zu klein. Nach zweieinhalb Jahren Gefängnis bleibt er bis Kriegsende in Sicherheitsverwahrung, aus der ihn dann ausgerechnet die Franzosen befreien.

Als der Fall Daubmann auffliegt, haben die Nazis bereits so viel Macht, daß ihnen die Angelegenheit nicht einmal mehr peinlich sein muß. In dem kleinen Ort Schmieheim, dessen schlankes Renaissanceschloß inmitten hügeliger Obstwiesen aufragt, die zu jenen Schwarzwaldvorbergen zwischen Lahr und Freiburg gehören, durch die keine größeren Straßen mehr führen, besteht damals die Hälfte der Bevölkerung aus sogenannten Landjuden, die hier in der Gegend seit Jahrhunderten das dörfliche Leben mitprägen. Draußen vor Schmieheim trifft man auf einen Friedhof, auf dem sich bergan Aberhunderte verwitterter, vermooster, von Efeu umrankter und zum Teil zerfallener Grabsteine zwischen Zedern, Tannen und verwildertem Gras aneinanderreihen, wobei die unteren meist schlicht, nahezu gleichförmig und mit hebräischer Schrift, einem Herzen und segnenden Händen versehen sind, während die oberen, meist viel größeren, mit ihrer Ornamentik, ihren Einfassungen und deutschen Inschriften bereits christlichen Gräbern ähneln. Inzwischen erinnert dieser Friedhof nur noch an die Vergangenheit, obwohl es wieder Juden gibt, die hier draußen auf den Dörfern leben, was bis 1933 die größte Selbstverständlichkeit war. Sie waren Händler und Hausierer, die im ganzen Rheintal und Schwarzwald herumkamen, in Wirtshäusern übernachteten und zuweilen auch einen Laden besaßen, wie man es in Max Picards Erinnerungsbuch *Das alte Haus in Schopfheim* nachlesen kann, dessen Bilder eine dunkel getönte Atmosphäre entfalten, in der mehr noch die Dinge als die Menschen ein Eigenleben zu führen scheinen. Es handelt von seinem Onkel, in dessen Kontor Bauern aus Todtmoos und Herrenschwand ein- und ausgehen, um sich mit Tüchern und Stoffen zu versorgen, die sie im Winter, wenn das Vieh im Stall ist, in ihren Höhentälern von Tür zu Tür verkaufen.

Picard schildert eine Welt, die hundert Jahre zurückliegt und deren systematische Zerstörung im Badischen und in der Pfalz geprobt werden sollte, um zu sehen, ob die Bevölkerung sich wehrt, wenn Juden aus ihren Häusern geholt, auf Lastwagen gezerrt und abtransportiert werden. In Kippenheim, dem Nachbarort von Schmieheim, hat der Sohn eines damaligen Dorffotografen in den neunziger Jahren auf dem Speicher eine Filmrolle gefunden, auf der man sehen kann, wie die Leute bloß herumgestanden sind und zugeschaut haben. Dabei steht die dortige Synagoge bis heute mitten im Dorf an der Hauptstraße, was allein schon darauf hinweist, daß die Juden nicht in den hinteren Gassen hausen mußten, sondern wie alle anderen zur Gemeinde gehörten. Nach dem Krieg hat man die Synagoge in eine Werkstatt, später in ein Raiffeisen-Warenlager umfunktioniert und dabei mit einem Wellblech-Vordach versehen, was niemanden zu stören schien, bis in den sechziger Jahren einige Überlebende ihr altes Dorf aufgesucht und kopfschüttelnd beim Bürgermeister vorgesprochen haben. Doch im Grunde muß man den Kippenheimern fast dankbar dafür sein, daß sie sich die Synagoge derart skrupellos angeeignet haben, weil sie dadurch wenigstens erhalten geblieben ist. Anderswo hat man nach Kriegsende die Abwesenheit der Juden auch noch durch den Abbruch ihrer Gebetshäuser besiegelt. Inzwischen ist sie renoviert worden, und es finden in ihr Vorträge, Konzerte, Führungen und Lesungen statt, zu denen auch ehemalige Kippenheimer eingeladen werden, die seit siebzig Jahren in Amerika leben und ihre Erinnerungen schriftlich festgehalten haben.

Im übrigen entsteht 1955 das Bundesland Baden-Württemberg, was fürchterlicher Geburtswehen bedarf, die zum Teil heute noch anhalten, obwohl das Kind längst geboren ist. Weil die sogenannten Alt-Badener den Zusammenschluß unerträglich finden, drängen sie von Anfang an auf eine erneute Abstimmung, mit der schnellstmöglich die Scheidung eingeleitet werden soll. Im Jahre 1970 findet der ersehnte Urnengang tatsächlich statt, doch es kommt ein ganz anderes Ergebnis zustande, als man sich erhofft hat, da über achtzig Prozent der Badener bereits nichts mehr gegen den Bindestrich haben. Die letzte badische Regierung saß im anmutigen Freiburger Colombi-Schlößle, wo Leo Wohleb als Staatspräsident residierte und gegen den Zusammenschluß anrannte, weshalb der aus Kiel stammende Tübinger Staatsrechtler Theodor Eschenburg, der zwischen 1947 und 1952 stellvertretender Innenminister von Württemberg-

Hohenzollern war, ihn als »vorderösterreichischen Hinterwäldler« meinte abstempeln zu müssen.

Was aber die französischen Besatzer anbelangt, so ist Staatspräsident de Gaulle am 29. Mai 1968, als eine halbe Million Demonstranten Paris lahmlegen und die Arbeiter in den Generalstreik treten, für niemanden auffindbar, auch nicht für seine engsten Mitarbeiter und Minister. Selbst Pompidou, der sonst immer weiß, wo de Gaulle sich befindet, muß gestehen: »Er ist verschwunden.« Offiziell hat er sich mit der Begründung, ihm sei unwohl, kurzfristig in sein lothringisches Dorf Colombey zurückgezogen, wo er aber nicht angekommen ist. Während das Land in Anarchie zu versinken droht, scheint das Staatsoberhaupt geflohen zu sein. Tatsächlich hat de Gaulle sich in einen Hubschrauber gesetzt und nach Baden-Baden fliegen lassen, wovon auch die deutsche Regierung nichts weiß, was alles andere als den Gepflogenheiten entspricht. In Baden-Baden wiederum sitzt ein gewisser Jacques Massu, der seines Zeichens Oberkommandierender über die in Deutschland stationierten französischen Truppen ist. Im Krieg war er entscheidend am Sieg über den deutschen Südwesten beteiligt, hat danach in Indochina gekämpft und sich im Algerienkrieg als Folterer einen Namen gemacht, bevor er Mitte der sechziger Jahre seinen Posten im Baden-Badener Jagdschlößchen antritt.

Nach anderthalb Stunden kehrt der Präsident nach Frankreich zurück und hält am nächsten Tag, offensichtlich gut ausgeschlafen und in bester Verfassung, eine Fernseh-ansprache in seiner Generaluniform. Anders als viele er-wartet haben, gibt er nicht seinen Rücktritt bekannt, im Gegenteil. Was in Baden-Baden im einzelnen gesprochen worden ist, weiß zwar niemand, doch man sucht in einer Situation, in der alles am Kippen ist, nicht inkognito den Oberkommandierenden Massu auf, um bloß Kaffee mit ihm zu trinken. Hätte tags darauf de Gaulle den Notstand ausgerufen, wären es diesmal nicht deutsche, sondern fran-zösische Truppen gewesen, die vom Rhein aus nach Paris marschierten. Schließlich glaubte nicht nur de Gaulle, man müsse das Vaterland mit allen Mitteln vor der Machtüber-nahme der Kommunisten retten. Seit 1994 sitzt Daniel Cohn-Bendit, der damals die Demonstranten angeführt hat und deshalb nach Deutschland ausgewiesen worden ist, abwechselnd für die deutschen und französischen Grünen im Straßburger Europa-Parlament.

3.

Von Konstanz
bis Kirschgartshausen

Als Gérard de Nerval 1843 nach Ägypten aufbricht, führt ihn sein Weg von Paris über Genf nach Wien auch am Bodensee vorbei. Und deshalb können wir auf den ersten Seiten seiner *Reise in den Orient* lesen:

»Konstanz! Welch schöner Name, welch schöne Erinnerung! Es ist die schönstgelegene Stadt Europas. Das glänzende Siegel, das den Norden Europas mit dem Süden verbindet, den Westen mit dem Osten. Fünf Staaten schöpfen Wasser aus seinem See, den der Rhein schon als Strom verläßt wie die Rhône den Genfersee. Konstanz ist ein kleines Konstantinopel, das am Eingang eines riesigen Sees ausgebreitet liegt, an den Ufern des noch friedfertigen Rheins. Lange fährt man zu ihm hinab durch die rötlichen Felder, durch diese gesegneten Weinberge, die noch heute seinen Namen in alle Welt tragen. Der Horizont ist unermeßlich, und der Fluß, der See, die Stadt bieten tausenderlei wundervolle

Anblicke. Kommt man indessen näher an die Stadt-
tore heran, will es einem mehr und mehr scheinen,
daß das Münster weniger imposant ist, als man dachte,
daß die Häuser recht modern sind, daß die Straßen –
eng wie im Mittelalter – sich davon lediglich eine ge-
wöhnliche Schmuddeligkeit bewahrt haben. Jedoch
macht die Schönheit der Frauen diesen Eindruck wieder ein wenig wett. Sie sind würdige Nachkommen
jener Damen, die den Prälaten und Kardinälen des
Konzils so viele schöne Kurtisanen stellten, ich meine
natürlich hinsichtlich der äußeren Reize, habe ich
doch keinerlei Grund, ihre Sitten in Verruf zu bringen.«

Ans Konstanzer Konzil erinnert nicht nur das wuchtige
alte Kaufhaus, in dem Anfang des 15. Jahrhunderts geist-
liche und weltliche Herren aus ganz Europa getagt haben,
sondern auch jene wahrlich laszive, nachts angestrahlte
Imperia, die Peter Lenk, dessen Skulpturen zwischen Bibe-
rach und Überlingen in so gut wie jedem Städtchen stehen,
Anfang der neunziger Jahre für den Konstanzer Hafen ent-
worfen hat. Mit dem Kaiser auf der einen erhobenen Hand,
mit dem Papst auf der anderen, dreht sie sich in stoischer
Ruhe und mit buddhistischem Lächeln Tag und Nacht, als
könne ihr keiner etwas erzählen, wenn es um die ausschlag-
gebenden Dinge des Lebens geht. Das bis heute recht über-
sichtliche Konstanz muß in den vier Jahren, als hier ein Ge-
genpapst gewählt und Jan Hus auf dem Scheiterhaufen

verbrannt worden ist, vollkommen verstopft gewesen sein, zumal sich allein an die tausend Prostituierte in der Stadt aufgehalten haben sollen. Auch der Ausruf »O heilige Einfalt!« geht angeblich darauf zurück, daß während Jan Hus' Verbrennung ein altes Weiblein angeschlurft kam, um mit eigenen Händen auch noch ein Stück Reisig auf den lodernden Scheiterhaufen zu werfen, worauf er bloß noch »O sancta simplicitas« gesagt haben soll.

Schräg gegenüber des ältesten, von Jesuiten gegründeten Theaters Deutschlands, das seit fast vierhundert Jahren durchgehend bespielt wird, kann man im Garten des Inselhotels wie meilenweit entfernt von jedem Verkehr direkt am See sitzen. Daß gleich nebenan die Stadt liegt, ahnt man dabei so gut wie nicht. Es ist, als befinde man sich immer noch in jenem Dominikanerkloster, durch dessen Kreuzgang mit seinen mittelalterlichen Fresken die Terrassenbesucher so selbstverständlich hindurchstapfen, als handle es sich um ein Museum, das nicht als solches angekündigt ist und deshalb keinen Eintritt kostet. Jan Hus war in diesen Gemäuern eingekerkert, hundert Jahre vor ihm hat hier der Mystiker Heinrich Suso gelebt, und im 19. Jahrhundert wurde Graf Zeppelin in einem dieser Räume geboren. Wie überall blickt man auch hier bei sommerlichem Wetter auf tausend weiße Segel und die Schweizer Schneeriesen. Der gegenüber am See, in Egnach bei Romanshorn aufgewachsene Lyriker Christian Uetz sagte mir einmal: »Ihr am deutschen Ufer habt immer den schöneren Blick, weil sich vor euch das Alpengemälde auftut, während wir auf der Schweizer Seite immer nur auf ein fast flaches Land schauen.«

Doch so südlich schön die Stadt am See liegt, so alt ist die Klage, es sei hier wenig geboten. Von Johannes Andreas Schmeller, der im 19. Jahrhundert die mittelalterlichen Lieder *Carmina burana* ediert und zeitweise in Konstanz gelebt hat, bis zu dem Schriftsteller Hermann Kinder, der seit den siebziger Jahren an der neu gegründeten Uni unterrichtet, geht die Klage, diese Urlaubsgegend biete vor allem Dinge, die reichlich wenig mit dem, was wir Kunst und Kultur nennen, zu tun haben. Daß es zwischen Lübeck und Luzern schlechtere Theater als das Konstanzer gibt, läßt sich allerdings schwer bestreiten, zumal es manchem Dramaturgen und Intendanten als Absprungbrett an die besten und größten Häuser gedient hat. Und daß in Bielefeld, Paderborn und Trier häßlichere Campus-Unis aus dem Boden gestampft worden sind, sieht man auf den ersten Blick. Weil das akademische Leben allerdings ins Grüne verbannt ist, stellt sich in Konstanz – ganz anders als in Freiburg oder gar Tübingen – kaum das Gefühl ein, in einer Uni-Stadt zu sein.

Trotz alledem sorgt dieser Ort für etwas, das Hermann Kinder »See-Rausch« nennt. Es ist ein Rausch der sehr sanften Art, weil hier alles Maßlose und Grandiose fehlt, sieht man einmal von den Schweizer Bergen ab, die jedoch wie auf einem Gemälde nur in der Ferne den abrundenden Hintergrund abgeben und dadurch jenes Mächtige verlieren, das uns, wenn wir am Fuß solcher Felsmassen stehen, erschreckend klein aussehen läßt. Wenn Landschaften dagegen schlichtweg schön sind, taugen sie nicht für große Erregungen, vielmehr vermitteln sie den Eindruck, als sei hier seit je der ewige Friede zu Hause. Allenfalls machen sie ein bißchen müde, als wollten sie einem in ihrer paradiesischen Schläfrigkeit auf stille, behagliche Weise sagen, daß Veränderung nichts Gutes bringen kann. Daß hier Arkadien ist, erlebt man spätestens, wenn es am Wollmatinger Ried entlang durch endlose Pappelalleen auf die Höri hinausgeht und Schilfwiesen, Gemüsefelder, Rebhänge, Holunderbäume, Salat- und Kraut- und Rübengärten weithin die Landschaft prägen. Nur das im Fernsehen ständig herbeizitierte Allensbach mit seinem demoskopischen Institut besitzt ein bescheidenes Industriegebiet, das mit seinen Blechfassaden, Autohäusern und einem angrenzenden Supermarkt dafür sorgt, daß das Idyll auch einen kleinen Kontrapunkt besitzt. Ansonsten geht es ausschließlich durch Dörfer, deren Efeuhäuser bunte Fensterläden schmücken und die durch ihre Rosengärten ein Stück weit von der Straße abstehen. Am Ende des Sees, dort wo er den Rhein wieder sich selbst überläßt, liegt die winzige mittelalterliche Stadt Stein, die mit ihren festungsartigen Stadttoren, bemalten Bürgerhäusern und Turmbauten schweizerischer nicht sein könnte. Allerdings gibt es nach einer Viertelstunde so gut wie keinen Winkel mehr, den man nicht bereits zweimal abgelaufen hätte.

Biegt man, von Konstanz kommend, noch vor dem Kloster Hegne, zur Insel Reichenau ab, die durch einen schmalen Grünstreifen mit dem Festland verbunden ist, erwarten einen neben tausendjährigen klösterlichen Vergangenheiten vor allem Gewächshäuser. Sie verschönern den zum Weltkulturerbe gehörenden Inselgarten zwar nicht, zeigen aber, daß hier keineswegs wie auf der benachbarten Mainau ein Blumenzoo für Omis und Großtanten eingerichtet worden ist. Während der Besucher auf der Mainau ob der prahlerischen Pracht sofort ins Staunen geraten soll und sich eine Wildnis herbeisehnt, wie sie etwa im Schwetzinger Schloßgarten künstlich am Leben erhalten wird, herrscht auf der Reichenau Alltag. Imbißbuden und Felder voller Erntehelfer machen ganz und gar nicht den Eindruck, als betreibe man hier kulturhistorischen Denkmalschutz. Daß man auf der Reichenau mit der Vergangenheit einst von heute auf morgen aufzuräumen bereit war, beweist das Jahr 1929, in dem der Frost alle Rebstöcke zerstört hat. Bis dahin lebte man vor allem vom Wein, doch weil die Winzer eine solche Erfahrung kein zweites Mal machen wollten, haben sie ihre Rebstöcke herausgerissen und fortan Gemüse angebaut, was das Bild der Insel gleichsam über Nacht vollkommen verändert hat. An manchen Hängen stehen inzwischen zwar wieder einige Rebenreihen, doch sie spielen schon deshalb kaum eine Rolle, weil es der Bodenseewein gegenüber demjenigen, der zwischen Weil am Rhein und Baden-Baden wächst, eh schwer hat.

Unweit von hier, auf der Höri, lassen sich in dem Dorf Gaienhofen Anfang des letzten Jahrhunderts ein gutes Dutzend Dichter und Maler nieder. Deren berühmtester ist, wie schon erwähnt, Hermann Hesse, der aus dem württembergischen Calw stammt, das tief drinnen im dunklen Schwarzwald liegt und einem bereits bei einem knappen Aufenthalt Beengungsgefühle bescheren kann. Weil Hesse zudem der Sohn eines pietistischen Missionars ist, muß es einen nicht wundern, daß er sein Lebtag lang eine Art Heiligen Franziskus spielen und in seinen bekenntnisfreudigen Büchern die sanftmütige Variante einer fundamentalistisch angehauchten Sozialkritik predigen muß. Auf der Höri, die ein wahrlich arkadischer Erdenfleck ist, baut er sich oberhalb des Dorfes an einem Weg, der hinter seinem Grundstück endet, im Grünen ein Haus mit türkisgrüner Schindelfassade. Es ist nach allen Seiten von einem Garten umgeben, von dem aus man aus erhabener Warte aufs andere Ufer mit dem schweizerischen Dorf Steckborn blicken kann.

Zu dem dort ansässigen Künstlerkreis gehört auch der mit Hesse eine Zeitlang befreundete Naturschützer und Schriftsteller Ludwig Finckh, der sich als ein Rassist ganz eigener Art einen Namen macht. Als botanischer Reinheitsideologe glaubt er, die heimatliche Natur vor fremden Einflüssen schützen und allen fremdländischen Gewächsen, die hier angebaut werden, den Krieg erklären zu müssen. Man meint ihn in Arnold Stadlers literarischer Onkel-Engelbert-Figur zu erkennen, die gleich zu Anfang seiner

Erzählung *Ausflug nach Afrika* auftaucht und von der es heißt:

»Onkel Engelbert ... war gegen alles *Artfremde* in Obstgarten und Privatwald. Der böse kleine Onkel, der bis zuletzt immer das letzte Wort hatte, ... wollte eine artfremde Bepflanzung verhindern bzw. rückgängig machen und führte höchstselbst mit einer berserkerhaften Wut wie gegen Menschen die Motorsägekommandos gegen alles *Artfremde* an, das ein, zwei Generationen zuvor gepflanzt worden oder von selbst dort gewachsen war. Er dirigierte meine Brüder in diesem Weltanschauungskrieg gegen *artfremde* Birken, Blautannen, Koniferen oder noch schlimmeren südlichen, gar afrikanischen und am Ende asiatischen Wildwuchs ... Onkel Engelberts Einstellung gegen alles Asiatische, sein Horror vor der Gelben Gefahr war so ausgeprägt, daß er selbst gegen die gerade in einem Rosa blühende japanische Kirsche vorging. Dieser Engelbert war also immer gegen alles *Artfremde* geblieben, wie er auf Alemannisch – nur dieses Wort auf Hochdeutsch – erklärte: Wenn er schon nicht verhindern konnte, daß an manchen Tagen der halbe Balkan und ab und zu ein Neger dazwischen in der Wirtschaft saß, wollte er wenigstens hier zwischen den eigenen blutsverwandten Bäumen hin und hergehen. Also machte er sich an die Durchsetzung der Ordnung auf seinem Territorium: wenigstens im

Obstgarten sollte nichts *Artfremdes* stehen oder herumsitzen, denn daß die exotischen Erscheinungen alle nur entweder faul herumkrochen oder viel zu schnell und gierig, geradezu geil gegen den Himmel über dem Hotzenwald wuchsen, konnte man sehen, darüber konnte man rot werden, vor Scham und Wut. Im übrigen hatte Engelbert seine Aktion mit den neuesten Erkenntnissen aus dem sogenannten Umweltschutz gerechtfertigt. Grüne Gartenbaumexperten propagierten bereits seit langem einheimische Gewächse. Das war nicht einfach eine Schutzbehauptung von Onkel Engelbert …
Also: Holunder versus Konifere, deutsche Eiche gegen japanische Kirsche, die edle Buche gegen die leichtlebige Pappel, heimisches Hartholz gegen minderwertige Taigabirke und so fort. Engelbert duldete nur, was über einen tadellosen Stammbaum verfügte.«

Nach dem Zweiten Weltkrieg sucht Finckh Hesse in Montagnola auf, wobei er gleich bei der Begrüßung moniert, daß bei ihm ein paar falsche Pflanzen im Garten wachsen. Dabei ist er ins Tessin gepilgert, um von Hesse ein Gutachten zu erbitten, das ihn vom Vorwurf, ein Nazi gewesen zu sein, freisprechen soll. Doch diesem Wunsch will der Freund mit den verdächtigen Sträuchern vor dem Haus nicht entsprechen.

Ab Kriegsende bis Mitte der sechziger Jahre gab es in Konstanz einen Stadtarchivar namens Otto Feger, der im

elsässischen Mulhouse geboren worden war, im schweizerischen Fribourg studiert hatte und 1946 ein Buch mit dem
Titel *Schwäbisch-alemannische Demokratie* veröffentlichte.
Darin vertritt er die These, daß Hitler sich die Deutschen
nur gefügig machen konnte, weil Friedrich der Große einen
preußischen Macht- und Verwaltungsapparat aufgebaut
hatte, der einzig durch Befehl und Unterordnung funktio-
nieren konnte. Weil unter Bismarck dieses friderizianische
Administrations-, Polizei- und Militärsystem bis an den
Bodensee und die Rheingrenze ausgedehnt und dadurch
ganz Deutschland »verpreußt« werden sollte, kam bei den
Süddeutschen gegen fast alles, was hochdeutsch spricht, ein
Widerwille auf, den Otto Feger in politischer Hinsicht auch
für mehr als berechtigt hält. Aus Sicht der Nordischen sei,
so lesen wir bei ihm, »der Süden zwar sehr gemütlich, mit
seiner ›komischen‹ Sprache und den zurückgebliebenen
Lebensansprüchen; aber so richtig auf der Höhe sei man
eben nur in Berlin und im Norden, wo alles mehr Zug habe,
schneidiger und energischer sei«. Daß den Hiesigen diese
schneidige, ungemütliche, auf Zackzack getrimmte Mentalität abgeht, kann in Fegers Augen nur ein Vorteil sein. Mit
diversen Statistiken versucht er nachzuweisen, daß im Südwesten die Nazis niemals auch nur die geringste Chance
gehabt hätten, zu einer großen Bewegung zu werden oder
durch Parlamentswahlen an die Macht zu gelangen. Schließlich seien die Badener eh für ihren Freiheitsdrang bekannt,
und auch die konservativeren Schwaben tendierten zu al-

lem anderen als Kadavergehorsam. Nicht zufällig habe es hier unten lediglich Arbeits- und Straf-, aber kein einziges Vernichtungslager gegeben. Daß der deutsche Osten nach dem Krieg die Diktatur unter anderen Vorzeichen fortgeführt hat, paßt ein paar Jahre nach Erscheinen dieses Buches wie nichts anderes in Fegers Weltbild. Aus diesem Grund schlägt er vor, eine autonome schwäbisch-alemannische Republik zu gründen, die das restliche Germanien sich selbst überläßt und damit weiteren deutschen Großmachtphantasien den Garaus macht.

Im Grunde verbirgt sich hinter diesem Plan die unausgesprochene Hoffnung, die Vorarlberger, Deutschschweizer und Elsässer möchten sich eines Tages darauf besinnen, ob nicht ein Zusammenschluß aller Alemannen die künstlichen Grenzen an Bodensee und Rhein wieder aufheben und eine politische Konföderation sich an alten Stammeszugehörigkeiten orientieren könnte. Mit solchen Ideen stand der ehemalige Zentrumspolitiker Feger keineswegs als spinnerter Einzelgänger da. Sein Vorschlag, eine Kleinstadt wie Donaueschingen oder Rottweil und nicht etwa das größere Konstanz oder gar Freiburg zum Regierungssitz zu küren, sollte demonstrieren, daß ihm Dezentralisierung über alles geht. Im übrigen sieht er in einer solchen südwestdeutschen Republik die einzige Chance, daß das Ausland wenigstens einen Teil der Deutschen wieder sympathisch finden kann. Die Preußen, so scheint er zu glauben, können dieses Glücks eh nie teilhaftig werden.

Fährt man mit der Fähre von Konstanz auf Meersburg zu, empfangen einen lauter breite, über Rebhängen errichtete, in Kaisergelb und Rosa leuchtende Prachtgebäude, die trotz ihrer Größe nichts Monumentalisches ausstrahlen, sondern einem das Gefühl geben, von einer solchen Residenz habe schon aufgrund ihrer Anmut nie eine schlimme Macht ausgehen können. Daß im Meersburger Schloß eine Dichterin gelebt hat, deren Verse etwas Elfenhaftes besitzen, paßt zu solchen Vorstellungen. Ebenso paßt dazu, daß dieser Ort ausschließlich mit ihrem Namen verknüpft wird, während hier Herrschernamen überhaupt keine Rolle spielen. Ob man sie gelesen hat oder nicht, »die Droste« steht für eine Welt, der etwas Entrücktes anhaftet, das von Schwermut nicht frei ist. Aber auch das gehört zum Bild einer Noblesse, die sich fern der Niederungen des Alltags und der Härten der Macht in Gefilden bewegt, in denen auch das Gefühl einer gewissen Nutzlosigkeit daheim ist.

Just während jener Tage im Jahre 1848, als drüben am Rhein badische Revolutionäre und preußische Soldaten aufeinander schießen, stirbt Annette von Droste-Hülshoff im verschlafen wirkenden, über dem See thronenden Meersburger Schloß. Die politische Welt ist ihr wohl eh immer reichlich fern geblieben. Auch wenn die ehemalige Burg, in der sie während ihrer letzten Jahre lebt, mit ihren kleinen Kammern und ihrer adligen Abgeschiedenheit wie aus einem Eichendorff-Gedicht wirkt, ist sie alles andere als ein Paradies. Der Familie fühlt sie sich offensichtlich fast untertänig verpflichtet, so daß der Schritt zu einem halbwegs eigenen Leben nie zustande kommen kann, was auch jede Liebe verunmöglicht, weshalb sich die in Westfalen Geborene und schließlich bei ihrem Schwager in Meersburg Untergekommene als »armes loyales Aristokratenblut« bezeichnet. Sie sei, so schreibt ihr siebzehn Jahre jüngerer Freund Levin Schücking, den sie als Bibliothekar an den Bodensee geholt hat, »eine leicht dahinschwebende, bis zur Unkörperlichkeit zarte Gestalt«. Geht man durch die knarrenden Turmzimmer, in denen sie gehaust hat, verabschiedet man sich schnell von der Illusion, ein Dasein auf diesen wenigen Quadratmetern könnte einen schon deshalb glücklich machen, weil der See vor einem liegt und die Umgebung von Adel zeugt.

Auf daß es hier bald keinen einzigen Ort mehr gebe, an dem nicht Lenks Skulpturen stehen, wurde am Meersburger Fährhafen kürzlich eine sogenannte magische Säule enthüllt, auf deren Spitze eine dickliche Möwe mit hakennasigem Droste-Gesicht gerade am Wegfliegen ist. Unter ihr streckt ein leicht feister Herr ein mächtiges Hufeisen von sich weg, wobei er auf einem Globusgitter thront, in dem drei Gestalten mit mürrischen Mienen zuammengepfercht sind, die man offensichtlich als seine Gegner ansehen muß, über die er ebenso stolz wie selbstverständlich triumphiert. Es stellt den in Iznang am Bodensee geborenen und in Meersburg gestorbenen Erfinder der Hypnose und Magnetiseur Franz Anton Mesmer dar, über den bis

heute gerätselt wird, ob er ein Scharlatan oder ein mit selte-
nen Kräften ausgestatteter Erkunder körperlicher und see-
lischer Leiden war. Justinus Kerner hat auf ihn ein Gedicht
mit dem Titel *Auf Anton Mesmers Grab* geschrieben, dessen
erste und letzte Strophen lauten:

Wo die alte Meersburg thronet,
    an des schwäb'schen Meeres Strand,
Da das Grab des »weisen Meisters«
    jüngst ich unter Dornen fand,
Rings die Elemente ruhten,
    eine Möwe irr im Flug
Nur noch ob den stillen Gräbern
    ihre müden Flügel schlug.

...

Nicht zu Menschen floh er klagend,
    in die Wälder, auf die Flur,
Seinen Kummer kindlich legend
    an das Herze der Natur.
Diese gab ihm Kraft und Frieden,
    doch der Markt nur Streit und Hohn,
Sterbend blieb er, wie im Leben,
    der Natur einfacher Sohn.

Als ich schied, sank schon die Sonne
    in der Fluten goldne Pracht,

Goß des Mondes mag'scher Spiegel
　　seine Zauber durch die Nacht,
Sanfte Töne hört' ich tönen
　　wie aus seinem Grabe – da
Dacht' ich seiner letzten Worte:
　　»Spielt mir die Harmonika!«

Mit diesem Abschiedssatz kann nur jene kurios klingende
Glasharmonika-Musik gemeint sein, die Mozart, der bei
Mesmer während dessen Wiener Zeit gelegentlich zu Besuch war, für den Auftritt einer Blinden geschrieben hat.
Dieses kristalline Getön, das fürs Ohr nicht angenehm ist,
sondern an Schmerz grenzt, mag man als eine Art Sphä-
renklang empfinden, der einen vermutlich in Zustände ver-
setzen soll, die denen einer Hypnose ähneln. Allerdings hat
Mozart die Künste des Magnetiseurs Mesmer nicht allzu
ernst genommen, sonst hätte er ihn nicht in seiner Oper
Così fan tutte in Gestalt des falschen Doktors Despinetta
karikiert, der von Tuten und Blasen keine Ahnung hat, aber
mit einem Magneten auftritt und lateinisch klingenden Vo-
kabeln um sich wirft.

　　Gut hundert Jahre nach Mesmer stirbt auch ein anderer
Außenseiter seines Fachs, ein Sprachphilosoph und Ver-
fasser einer mehrbändigen Geschichte des Atheismus, in
Meersburg. Es ist Fritz Mauthner, der aus Böhmen stammt
und nach seiner Berliner Zeit auch ein paar Jahre lang in
Freiburg gelebt hat, bevor er von dort mit seiner Frau, der

Schriftstellerin und Ärztin Harriett Straub, die aus dem nahegelegenen Emmendingen kommt, 1909 nach Meersburg zieht. Die beiden sind auf dem dortigen Friedhof begraben, wo ein Findling ihr Grab schmückt, auf dem steht: »Vom Menschsein erlöst«. Mauthner, der gern als Anarchist bezeichnet wird, weil er sich keinen akademischen Gepflogenheiten und Methoden gefügt hat, ist mit seiner Sprachkritik gegen so große, hohle Worte wie Gott, Ewigkeit, Wahrheit und Sinn angerannt, ohne selbst jedoch an ihnen zu sparen. Daß sich zwischen unserer Sprache und der Welt eine Kluft auftut, die sich nicht überbrücken läßt, gehört zu seinen zentralen Thesen. Im Unterschied zu Mesmer sieht er in der Hypnose allerdings keine Heilmethode, sondern eine allgemeine Krankheit, wenn er schreibt: »Alle Menschen stehen gegenseitig im Verhältnis von Hypnotiseur und Hypnotisierten, alle Menschen lassen sich gegenseitig durch ausgesprochene Worte Zwangsvorstellungen suggerieren, und es ist mir kein Zweifel, daß nicht nur in erregten Momenten des Völkerlebens, wo die zeitweilige Hypnose als Krieg, Hexenverfolgung u. dgl. offenbar ist, ganze Massen einander zu künstlichem Wahnsinn erregen, sondern daß der ganze geistige Verkehr der Menschen untereinander nichts weiter ist als allgemeine ununterbrochene milliardenhaft durchkreuzte Hypnotisierungsversuche und gelungene Hypnosen, welche von der ererbten Fähigkeit der Assoziationsflucht Gebrauch machen, wobei der menschlichen Sprache die traurige Rolle zufällt, Erreger und alleiniges Ausdrucksmittel dieses künstlichen Wahnsinns zu sein.«

Manche Zeitgenossen finden, daß Mauthner zu Unrecht weniger bekannt als Wittgenstein ist. Doch das ist schon deshalb nicht verwunderlich, weil man in seinen Schriften zwar viel über Mauthners Meinungen erfährt und sich deshalb besser als bei Wittgenstein unterhalten fühlt, aber eben auch das Gefühl nicht los wird, daß ihn bei allen Aversionen gegenüber jedem hypnotisierenden Wortgeklingel ständig selbst etwas zu einer großartigen, erlösenden, narkotisierenden Wahrheit drängt. Wenn er sich über Aberhunderte von Seiten hinweg in einer Kritik der abendländischen Religionen übt, scheint er dabei von einer Suche getrieben zu sein, die selbst nicht anders als religiös zu nennen ist und sich offensichtlich nach gefühlsintensiven metaphysischen Schwebezuständen sehnt. Zuletzt hat ihn der Buddhismus angezogen. Dabei haben wir Mauthner ein berühmt gewordenes Stück Literatur zu verdanken, das er allerdings nicht selbst verfaßt hat. Anders als dieser Text meist gedeutet wird, hat Hofmannsthals *Chandos-Brief* nämlich reichlich wenig mit einer existentiellen Sprachverstörung zu tun, vielmehr ist er als höchst artifizielle Veranschaulichung der Mauthnerschen Begriffskritik konzipiert, was schon daraus ersichtlich wird, daß Hofmannsthals wortgewaltige Klage über die Leerheit der Worte nicht im geringsten den Eindruck erweckt, als befinde sich da einer vor lauter sprachlichen Selbstzweifeln kurz vor dem Verstummen. Was jedoch Mauthners Leben am See anbelangt, so erzählt er von Freunden, die ihn besuchen: »Sie werfen sich in der ersten Stunde an den Busen der Natur und finden nicht Worte genug, den Segen der geselligen Einsamkeit zu preisen. Und in der vertrauten Stunde des Abschieds spricht dann der Berliner, der Wiener, der Münchener, der Pariser das ehrliche Wort: Wunderbar. Unbeschreiblich! Aber wie können Sie – kannst Du – es das ganze Jahr hier aushalten?«

Fährt man von Meersburg in Richtung Überlingen, trifft man auf die vermutlich am schönsten gelegene Barockkirche der Welt. Sie ragt über Rebhängen am Ufer des Bodensees auf, und wer mit dem Schiff auf sie zugefahren kommt, weiß, warum die Birnau zu den meistfotografierten Ansichtskartenmotiven gehört. Unweit von ihr wohnt seit vierzig Jahren Martin Walser, der am anderen Ende des Sees geboren ist. In seiner Novelle *Ein fliehendes Pferd* hat er den See in seiner berüchtigten Unberechenbarkeit beschrieben, während es in dem kleinen Buch *Heimatlob* heißt: »Übereinstimmung müßte etwas Schönes sein. Der Himmel über dem See zum Beispiel stimmt immer mit dem See überein. Man kann nicht sagen, der Himmel richte sich nach dem See oder der See richte sich nach dem Himmel. Auch konzentriert sich der Himmel nicht auf sich; der See tut das auch nicht. Beide haben alles von einander. Farben, Grenzen, überhaupt Stimmung. Es wäre schön, sich nicht auf sich oder sonst etwas konzentrieren zu müssen. Das wäre wahrscheinlich Natur, Paradies usw.« Diese Miniaturen gehören zum Lichtesten und Leichtesten, was Walser je geschrieben hat. Wie in keinem anderen Buch beschwören sie ein sommerliches Bodenseeleuchten und zitieren das *Sursum corda – Erhebet die Herzen –* von Heinrich Suso herbei, den Walser vermutlich deshalb so schätzt, weil auch ihn die irdischen Wirrnisse nicht nur zu Klageliedern, sondern weit eher noch zu Lobgesängen gedrängt haben.

Oberhalb von Überlingen, in Richtung Heiligenberg, kommt man am Schloß des Markgrafen von Baden vorbei, das weniger wegen des dort untergebrachten Weinguts, sondern eines Internats namens Salem wegen weltweit bekannt ist, zu dessen Schülern, wie man immer wieder liest, Königin Elizabeths Gatte Prinz Philipp, Golo Mann und die jetzige spanische Königin gehörten. Daß das Schloß, wie so oft, kein Schloß, sondern ein Zisterzienserkloster ist, das sich infolge der Säkularisierung die neuen protestantischen Herrscher angeeignet haben, diese Tatsache gehört auch zur Entstehung des Landes Baden. Während Sankt Peter und Sankt Blasien nach einiger Zeit wieder an die Kirche zurückgingen, blieb Salem in den Händen jener Markgrafen, die bis heute mit dem Fall Kaspar Hauser in Verbindung gebracht werden. Anders als dort sind in Salem nur die Außenfassaden schmuck verputzt, während diejenigen der Innenhöfe abblättern und nach Verfall aussehen. Und ebenfalls ganz anders als die leuchtend schöne Rokokobibliothek in Sankt Peter macht die dortige einen tristen Eindruck, wobei man gleich beim Betreten auf ein Dutzend Bände der Marx-Engels-Werke stößt, die über den Schriften des Zisterziensergründers Bernhard von Clairvaux in Ikea-Regalen thronen.

Das Gefühl einer fast märchenhaften Verlorenheit, die überhaupt nichts Beängstigendes, sondern etwas Weltentrücktes besitzt, kann wiederum aufkommen, wenn man über den karg besiedelten Bodanrück fährt, der sich zwischen dem Untersee, dessen Ufer die Höri bildet, und dem Überlinger See erstreckt. Es ist eine Drumlin-Landschaft, deren längliche, niedrige Hügel sich Vergletscherungen verdanken, die aus dieser Wald- und Wiesengegend mit ihren winzigen Dörfern und vereinzelten Gehöften eine in leichtem Auf und Ab sich dahinwellende Hochfläche machen. An manchen Stellen schauen aus dem allseitigen Grün auch Felswände hevor, die in Richtung Westen häufiger und mächtiger werden. Von der Höri aus sieht man auf der Strecke nach Radolfzell am Ende des nahen Horizonts eigenwillige Vulkankegel aufragen, als befinde man sich gleich in Asien oder weißgottwo auf der Welt. Es sind jene berühmten Hegauberge, die Kamelhöckern gleichen, auf denen meist eingewachsene Burgruinen stehen. Wer dagegen auf der Autobahn Stuttgart-Singen aus dem Norden kommt und nach einer Talsenke mit einem Mal diese Landschaft vor sich erblickt, kann auch beim hundertsten Mal nur staunen. Daß es dort oben seit Ende der neunziger

Jahre eine Autobahnraststätte gibt, die sich nicht nur durch ihre Lage von allen andern unterscheidet, ist schon deshalb ein Glück, weil man von deren Terrasse aus wie von kaum einem anderen Ort über die zum Süden und Westen sich öffnende Landschaft mit den vor einem liegenden Vulkanbergen schauen kann.

Fährt man aber von Radolfzell aus den Hochrhein entlang in Richtung Basel, geht es durch eine grüne Hügelgegend, die bald schon etwas vom mächtigen Schwarzwald erkennen läßt. Man kommt dabei durch Schaffhausen, sieht jedoch nichts von den bemalten Prachtfassaden der Altstadt, da es auf vierspurigen Ausfallstraßen durch klobige Betonwüsten geht. Wer mit dem Auto unterwegs ist, bekommt auch nichts vom Rheinfall mit, während Zugfahrer immerhin einen kurzen Blick auf die wilde Gischt erheischen, über deren bewaldeten Felsbrocken die Schweizerfahne prangt. Am weiteren Weg liegen Waldshut, Laufenburg, Bad Säckingen und jenes Rheinfelden, dessen schweizerische *Feldschlößchen*-Brauerei wie aus dem Ankerbaukasten aussieht. Es sind lauter barocke vorderösterreichische Orte, die sich zum Teil beidseits des Rheins erstrecken und vom Aargau aus gesehen, wo die früh verlorene Stammburg der Habsburger liegt, den Übergang zum Schwarzwald bilden, weshalb sie als die vier Waldstädte gelten. Allein Laufenburg macht weniger einen barocken als mittelalterlichen Eindruck, was sich nicht nur den uralten, engen Gassen, die nachts heimelig-düsteren Schluchten gleichen, sondern auch den aus dem Strom herausragenden Felswänden mit ihren aufgestockten Wohnungen verdankt. Ohne die in Reiseführern als pittoresk angepriesenen Straßenzüge von Waldshut und Rheinfelden übersehen zu wollen, darf neben dem wie aus einem einzigen mächtigen Stein gehauenen Laufenburg die einstige Insel Säckingen als die südlich schönste dieser Ansiedlungen gelten. Während der 48er Revolution hat deren uralte, wuchtige, in die Schweiz hinüberführende Holzgehäusebrücke einigen Freischärlern das Glück gebracht, nicht in der Festung Rastatt einsitzen zu müssen oder erschossen zu werden.

Daß es einen Trompeter von Säckingen gegeben haben soll, ist bekannt, aber was es mit ihm auf sich hat, weniger. Der Schloßherr des Schönauer Hofs hatte offensichtlich häufig Musikanten bei sich aufspielen lassen, unter denen auch der junge Trompeter Werner Kirchhofer war, der während des Blasens mehr auf des Schloßherrn Tochter als den Dirigenten schaute, was dem Vater schon deshalb nicht gefiel, weil die Tochter ihrerseits den Trompeter genauso anhimmelte wie er sie. Nach dem Motto »Aus den Augen, aus dem Sinn« verschickte er sie deshalb nach Wien an den Hof, was natürlich nicht gutgehen konnte, sondern das Gegenteil dessen, was beabsichtigt war, bewirken mußte, zumal die beiden sich vor dem Stephansdom verabredet hatten, wo die Verliebte zum Zeichen, daß sie angekommen ist, ihren Namen ins Portal einritzen wollte. Da er ihn vorfand, wartete der Trompeter am Sonntag nach dem Hochamt auf den Auszug der kaiserlichen Entourage, nur daß die Geliebte, als sie ihn erblickte, in Ohnmacht fiel, wodurch alles aufflog, was jedoch nichts machte, da der Kaiser den Schuldigen nach einem prüfenden Gespräch kurzerhand zum Hofkapellmeister ernannte, wodurch die Geschichte einen restlos glücklichen Ausgang nehmen sollte. Der Grabstein der beiden, den ein Totenkopf ziert und der beweist, daß es dieses Paar tatsächlich gegeben hat, ist in einer Außennische des Säckinger Fridolinsmünsters ausgestellt, dessen lichte, verspielte Rokokogewölbe allein schon einen Besuch lohnen, ganz zu schweigen vom Schloß Schönau, das um die Ecke liegt, und selbiger Brücke, deren Schacht in eine andere Welt zu führen scheint.

Am Rheinknie, das hinter Basels Industrielandschaft liegt und den westlich dahinströmenden Fluß schroff zum Norden hin umlenkt, fangen all die Geschichten an, denen jene Nibelungensagen, die zwischen Burgund und Worms spielen, zugrundeliegen. Doch es dauert noch eine Weile, bis der Rhein zum vielbesungenen deutschen Strom wird. Denn anders als derjenige zwischen Bacharach und Bingen, den Eichendorff, Brentano und Heine besingen, gibt der südliche zwischen Basel und Mannheim für deutsche Sagen wenig her. Hier unten begegnet man keinen Wagnerschen Rheinnixen und keiner Loreley, sondern einem flachen Land, das in der Nähe der Flußufer vom Verkehr nahezu unberührt bleibt. Vor allem auf elsässischer Seite gibt es neben einigen Puppenstuben-Fachwerkdörfern nicht wenige Orte, die reichlich verloren wirken. Germanische Ideallandschaften mit kluftigen Stromtälern und schroff aufragenden Felsen sucht man hier vergebens. Doch das vermißt hier auch niemand, schließlich wirkt das Land nicht nur von den Höhen des Schwarzwalds aus gesehen wie der Garten Eden. Von Basel abgesehen, gibt es hier unten auch keine imposanten Städte, die direkt am Fluß liegen, schließlich dümpelt selbst durch Straßburg lediglich die bescheidene Ill, während der Rhein unbemerkt im Osten vorbeiströmt. Dafür ist das Land mit Riedgebieten und Flußauen gesegnet, in denen Vögel brüten, die man hierzulande längst nicht mehr vermutet, wie etwa westlich des Europa-Parks Rust, der alljährlich mehrere Millionen Besucher anzieht, von denen die wenigsten wissen, daß sich gleich nebenan zwischen schilfigen Altrheinarmen eine nahezu unberührte Insel erstreckt, auf der Schnepfen, Kormorane und Eisvögel hausen.

Während des letzten Jahrzehnts ist der Europa-Park zum berühmtesten deutschen Disneyland geworden, was an Wochenenden die Schlangen am Riesenrad nicht gerade kleiner macht, weshalb man dann doch meist auf die langweiligen Eisenbähnle und harmlosen Bootsfahrten ausweichen und ständig ein Eis oder Pommes oder eine Pizza oder ein paar Tapas in der Alhambra essen muß, damit man am Ende eines langen Tages auch das Gefühl hat, nichts ausgelassen zu haben. Während die vielen Stunden zwischen holländischen Windmühlen, russischen Raumstationen und dem versunkenen Atlantis sich für die Erwachsenen hinziehen können, würden die Kinder am liebsten im Erlebnishotel einchecken und eine ganze Woche bleiben, wozu sich die Alten nur ungern überreden lassen, außer es ist gerade mal wieder Besuch vom ehemaligen Bundeskanzler oder irgendeinem Bundesligaspieler oder Seriendarsteller oder Schlagersänger oder sonst einem Küblböck angesagt.

Einen Katzensprung vom Ruster Trubel entfernt, begegnet man dagegen einer Stille, die außer Vogelrufen und wehendem Schilf kaum andere Geräusche kennt. Es ist das Ried mit seinen endlosen Alleen und stehenden Gewässern, mit seinen Schwänen und Enten, aber auch Pirolen und Nachtigallen, die es hier geben soll, mir aber noch nicht zu Gesicht gekommen sind, während man die Spechte immerhin hören und den Milan in weiten Bögen über jene Auen gleiten sehen kann, in denen Orchideen und andere violett und lila blühende Gewächse das sumpfige Grasland zum Leuchten bringen. Von dort aus kann man mit einer Fähre, die unentwegt hin- und herfährt, ins elsässische Rhinau übersetzen und im Restaurant *Bord du Rhin* an Sonntagen inmitten von Familien mit Kindern, Omas und Onkeln ein dörfliches Feiertagsgefühl erleben, wobei es dort nichts Besonderes, sondern das gibt, was man im ländlichen Frankreich eben gewohnt ist: Ente à l'Orange mit einer Weinkaraffe und ellenlangen Silberblechen in der Tischmitte, auf denen sich Pommes Frites stapeln. Fährt man danach auf holprigen, schlecht geteerten, abseitigen Straßen, die weder

Ränder noch Mittelstreifen besitzen, in Richtung Süden, geht es wieder durch urwaldartige Alleen, zu deren Rechten und Linken Sumpfgebiete und tote Rheinarme liegen, die von Weiden eingefaßt werden und aus denen Bäume wachsen, deren Äste sich übers Wasser beugen, als handle es sich um Mangroven.

Fast direkt am Rhein trifft man in der südlichen Grenzstadt Breisach und in der nördlichen Ortenau in dem Dorf Schwarzach auf zwei der ungewöhnlichsten Kirchen. In dem von weitem sichtbaren, festungsartig über dem Strom thronenden Breisacher Stephansmünster wurden Ende des 19. Jahrhunderts die übertünchten Wandmalereien des um 1450 in Colmar geborenen Malers Martin Schongauer entdeckt. Sie wurden, so gut es ging, in den dreißiger Jahren freigelegt, wodurch wir aber allenfalls eine Ahnung von diesen riesigen, die Wände von oben bis unten ausfüllenden Bildern bekommen, ohne auf diesen erdfarbenen Flächen allzu viel erkennen zu können. Daß es sich um Darstellungen des Himmels und des Jüngsten Gerichts handelt, ist allerdings unschwer zu sehen, wobei – wie überall – die gruselig verspielten Fabelgestalten des Infernos weit mehr Aufmerksamkeit als die Engelschöre auf sich ziehen. Dürer soll eigens von Nürnberg nach Breisach gereist sein, um Schongauer zu treffen, mußte aber, als er dort eintraf, erfahren, daß er bereits tot ist. Daß nur wenige Werke von ihm erhalten geblieben sind, hat man jenen Bilderstürmern zu verdanken, die nichts mehr lieben, als die Leere anzubeten.

Schongauers nur in Ansätzen freigelegte Wandgemälde sind nicht der einzige Grund, das Breisacher Münster aufzusuchen. Der spätgotische Schnitzaltar eines unbekannten Meisters scheint zu Schongauers großflächigen Gemälden zwar überhaupt nicht zu passen, doch in seiner Art wird man wohl keinen zweiten finden, der so filigran gearbeitet ist und in seiner wuseligen Kleinteiligkeit etwas unendlich Verzwirbeltes besitzt. Allein die verschnörkelte Darstellung von allerlei Engelsgesichtern, Musikinstrumenten, Hüten, Mänteln, Faltengewändern, Laubwerk, Gezweig, Knospen und Ranken bildet das Gegenteil zu jener kahlen Architektur des Schwarzacher Rheinmünsters, das in der Flußebene bei Bühl steht. Frei von Statuen und Fresken besteht es aus schlichten dunklen Bänken, roten Säulen mit maurisch wirkenden Mustern, Gewölbebögen und einer hohen Holzdecke. Was in diesem romanisch nüchternen, in seiner weltentrückten Schlichtheit erhaben wirkenden Münster allerdings absurd anmutet, sind der in einem Querschiff aufragende barocke Hochaltar und solche Acrylbilder mit Blattgold, wie sie von Malerinnen aus der Gegend angefertigt werden und diesen sonst so überwältigenden Kirchenbau mit religiösem Zeitgeistkitsch verschandeln.

Ganz anders als das in der offenen Rheinebene frei stehende Münster ist jene bombastische Barockkirche Sankt Blasien, die offensichtlich mit dem Petersdom in Konkurrenz treten wollte, von Hochwäldern umgeben. Wer vor ihr steht, muß den Eindruck gewinnen, daß sie in diesem engen, dunklen Hotzenwaldtal überhaupt keinen Raum besitzt, der ihre großmächtige Gestalt zur Geltung kommen ließe. Nicht allein, weil sie die drittgrößte Kirchenkuppel Europas schmückt, besitzt sie eine Wucht, bei der man sich fragt, ob man einen solchen Koloss noch schön finden oder bloß wegen seiner Maßlosigkeit bewundern soll. Da bereits wenige Schritte vom Portal entfernt Cafés und Wirtshäuser die Besucherbusse abfangen, hat das gigantische Bauwerk kaum Platz zum Atmen. Was einen aber überrascht, ist der immense Unterschied zwischen dem gleißend hellen Innenraum und dem dunklen, klobigen Außen. Weißer Marmor, weiße Bänke und bilderlose Fenster, durch die aus den Höhen Licht strömt, das sich an den getünchten Wänden bricht, machen aus dem von waldigen Bergen eingeschnürten Gotteshaus doch noch ein lichtes Ereignis, das allenfalls dadurch beeinträchtigt wird, daß die aus den zwanziger Jahren stammenden Kuppelfresken reichlich anthroposophisch-esoterisch angehaucht wirken und ihr Fehlen das Staunen nur größer machen könnte. Gebrochen wird dieser nüchterne Klassizismus freilich durch einen barocken Altarraum, dessen hoch oben sich erstreckender Säulengang keine Funktion, sondern den Charakter eines schmucken Gemäldes besitzt. Daß hier regelmäßig Konzerte stattfinden, muß man als mutig bezeichnen, da die Akustik jeden auch nur angedeuteten Ton sofort verschwimmen läßt.

Eine der schönsten Strecken durch den Schwarzwald verläuft von Sankt Blasien nach Todtnauberg durchs obere

Albtal Richtung Westen. Vor allem wenn man am frühen Abend dem Licht entgegenfährt, beginnt er hier jene Nadelgehölzeintönigkeit zu verlieren, die ihn auch bedrückend machen kann. Steil ansteigende Matten mit Bauminseln, bunt leuchtende Wiesen, Blumenraine, das durchs Tal sich schlängelnde Flüßchen, Felsen wie in der Schweiz, gescheckte Kühe an Abhängen, Vorberge mit Laubwaldkuppen und Schwarzwaldhäuser wie aus dem Bilderbuch, die aber nicht folkloristisch aufgemotzt wirken, lassen diese Gegend trotz der immer noch endlosen Tannen alles andere als dunkel erscheinen.

Den *Black Forest* kennt man dem Namen nach in der ganzen Welt. In Amerika dürfte er neben Heidelberg fast noch berühmter als Berlin oder das Münchner Oktoberfest sein. Da man sich unter ihm jedoch manches vorstellen kann, sind Mißverständnisse nicht ausgeschlossen. So war erst kürzlich bei unseren Nachbarn ein Ehepaar aus Connecticut zu Besuch, das sich seit langem auf eine Besichtigung des Schwarzwalds gefreut hatte. Gleich am ersten Tag nach ihrer Ankunft fuhr man morgens mit dem Auto zum Schauinsland hinauf, blickte auf das Rheintal hinab und zu den Vogesen hinüber, ging zwischen dem einen Gasthof und dem andern eine Weile spazieren, setzte sich wieder ins Auto, fuhr ein Stückchen weiter, dem Feldberg zu, durch Dörfer, die solche Namen wie Altglashütten, Falkau und Bärental tragen, kam an diversen Fachwerkhäusern und Neubauhäßlichkeiten vorbei, fuhr in Täler hinab und wieder bewaldete Berge hinauf, sah Tannen und Tannen und nochmals Tannen und auf eingezäunten Wiesen gelegentlich ein paar Pferde und Ziegen, stieg am Titisee aus und trank einen Kaffee, ging in zwei, drei Nippesläden mit Schwarzwalduhren und Trachtenpuppen, ließ sich die Fasnetstradition und sonstige Brauchtümer erklären, fuhr erneut in die dunklen Wälder hinein, kam erneut an Wiesen, Wirtschaften und Bächen vorbei, starrte erneut auf Tannen, Felsbrocken und Matten, was auch alles recht schön gewesen wäre, wenn die seit Stunden immer stummer werdende und zunehmend mürrischer dreinschauende Amerikanerin nicht ständig auf die Uhr geschaut und eine Stimmung verbreitet hätte, die zu einem sonnigen Tag wie diesem überhaupt nicht passen wollte, zumal überhaupt nichts Schlimmes vorgefallen war, was die andern natürlich umso mehr rätseln ließ, was man ihr angetan hatte, bis die Frau schließlich zu heulen anfing und dabei eine regelrechte Wut bekam und darüber zu schimpfen begann, daß man mit ihr den ganzen Tag sinnlos in der Gegend herumfährt und langweilige Bäume und Häuser anguckt, anstatt endlich einmal in den berühmten *Black Forest* zu gehen.

Fast jeder hier erzählt einem eine solche Geschichte, auch wenn sie ihm nie passiert ist, wobei das eine Mal Amerikaner, das andere Mal ein algerisches Ehepaar und manchmal auch bloß ein paar Preußen dafür herhalten müssen, daß man sich wieder einmal über Touristen lustig machen kann, die den *Black Forest* für eine Art Disneyland halten. Dabei kann niemand sagen, es sei zuwenig Aufklärungsarbeit geleistet worden wäre. Auch wenn Professor Brinkmann und Oberschwester Hildegard aus der *Schwarzwaldklinik* und jene fleißigen *Fallers* aus ihrer weltentrückten Wald- und Wieseneinöde nicht überall auf der Welt bekannt geworden sind, kann man kaum behaupten, daß die Tourismusindustrie zuwenig dafür tun würde, um die Gegend zwischen Mummelsee und Belchen mit vollen Bussen zu versorgen und wissbegierige Urlauber durch jene museal hergerichteten Schindeldach-Schwarzwaldhäuser zu schleusen, in denen sie bemalte Schränke und Kommoden, die obligatorischen Kachelöfen, den Rauchfang für die Schinken und ein Bauerngemälde mit dem Opa und seiner Tabakspfeife bewundern können und erklärt bekommen, daß in der einen Ecke der Stube, in dem das Kruzifix hängt, weshalb man ihn Herrgottswinkel nennt, die Besinnlichkeit ihren Platz hat und in der anderen auch für den Teufel ein kleiner Fleck reserviert ist, wobei ein Hufeisen dafür sorgt, daß er aus seinem Deckengebälk erst gar nicht herauskommt.

Wer sich in einer solchen Vergangenheit verlieren will, muß nur die Bücher des Haslacher Pfarres Hansjakob lesen, in denen gesunde, wackere, kreuzbrave Leute, die selbstverständlich alle ihre folkloristischen Ecken und Kanten besitzen, in trauter Nachbarschaft mit Hirschen, Füchsen, Mardern und Raubvögeln den Schwarzwälder Kosmos bevölkern. Für Hansjakob sind diese waldigen Wiesengegenden mit ihren entlegenen Gehöften »heimelig, immergrün, weltfern und von wunderbarer Poesie umwoben«, während in der Reiseführersprache die Hügel sanft, die Wiesen saftig, die Obstbäume prächtig, die Schluchten wild, die Täler einsam, die Höhen erhaben, die Häuser idyllisch, die Stuben gemütlich, die Gasthäuser gastlich, die Zimmer behaglich, die Landschaften malerisch, die Wasserfälle wildromantisch und überhaupt diese ganzen Tannen-, Fels- und Wildbachgegenden rundum traumhaft, pittoresk, paradiesisch, herrlich und himmlisch sind. Dabei liegt alles auch noch verkehrstechnisch äußerst günstig, vor allem die Oasen der Stille, an denen reichlich Hotels liegen, deren Zimmer stilvoll, deren Service freundlich, deren Räume einladend, deren Ambiente urgemütlich, deren Küche kulinarisch, deren Maultaschen handgemacht und deren Spätzle handgeschabt sind.

Wer von Baden spricht, muß genauer sagen, welche Gegend er meint. Schließlich gibt es nichts Gegensätzlicheres als den zuweilen wahrlich finsteren Schwarzwald, der in manchen Ecken allem anderen als einem Arkadien gleicht, und der offenen Rheinebene, bei deren erstmaligem Anblick der Sonnenkönig Ludwig XIV., als er sich von der Zaberner Steige herab Straßburg näherte, nahezu sprachlos gesagt haben soll: »Quelle jardin!« Wer dagegen durchs immergleiche Tannendunkel fährt und statt stattlicher Bauernhäuser und niedlicher Fachwerkvillen vor allem auf kleinstädtische Fabrikhallen, heruntergekommene Arbeitersiedlungen, abbröselnde Fassaden und halbverwaiste Gassen trifft, in denen an Sonntagnachmittagen ein paar Kinder spielen, bekommt auch die Kehrseite der Idylle mit.

Weit mehr noch als in anderen Gegenden vermitteln einem hier allein schon Aberdutzende sprechender Namen Bilder von dieser Welt: Notschrei, Holzinshaus, Hotzenwald, Holzschlag, Kaltwasser, Ödenwald, Krähenbach, Saudorf, Hundsbach, Hundseck, Hinterhäuser, Höllsteig, Wutach, Bärental, Oberaha, Unteraha, Aha, Äule, Todtnau, Todtnauberg, Altglashütten, Hammereisenbach, Kaltenherberge, Toter Mann, so lauten diese Orte und Winkel, angesichts derer Wiesental, Münstertal, Simonswäldertal, Rehfelsen, Mooswald, Sommerau, Schönenbach, Sonnenmatt, Fischbach, Buchenbach, Kuhbach, Hofsgrund und Tannheim geradezu anheimelnd wirken, wobei die erlösende Weite nirgends deutlicher als in dem Ort Himmelreich zum Ausdruck kommt, der kurz vor Freiburg am Ausgang jenes Höllentals liegt, das durch seine Felsschlucht namens Hirschsprung berühmt geworden ist. Als Kind bin ich mit meiner Mutter auf dem Titisee Tretboot gefahren und später auf ihm Schlittschuh gelaufen, doch bis heute ist er für mich weit mehr als bloß jener Ort überm Höllental, an dem es fast nur Nippesläden mit Kuckucksuhren und Trachtenpuppen gibt. Mit dem Titicacasee, mit Indianern, Indios und Inkas hat er für mich nach wie vor mehr als mit einer von Wanderwegen umringten und Touristenbussen heimgesuchten Schwarzwaldattraktion zu tun, weil sein Name eine Welt erstehen läßt, die auf Landkarten überhaupt nicht eingezeichnet werden kann. Die Sage, wonach in seinen Tiefen eine versunkene Stadt mit einem Kloster liegt, dessen Glocken an stillen Sonntagmorgen gelegentlich noch zu hören seien, paßt weit besser zu ihm als jene Folklorebuden, die einen auf Urtümlichkeit machen.

Nicht zufällig hat Wilhelm Hauff sein Märchen *Das kalte Herz*, in dem Gestalten wie der Kohlenmunkpeter, der Holländer-Michel, das Glasmännlein und der dicke Ezechiel für Furcht und Grusel sorgen, im tiefsten Schwarzwald angesiedelt. Daß dessen Bewohner früher, als auf dem Weg zum Höllental hinab noch die Kutschenräder brechen konnten, manchmal wunderlich waren, erstaunt den Naturphilosophen Carl Gustav Carus nicht im geringsten. Bei seiner Einkehr in Oppenau im Jahre 1821 notiert er: »Bekanntlich werden unzählige Wanduhren hier herum gefertigt; indeß versteht man auch wohlklingende Spieluhren zu bauen … Ferner fänden sich Leute, welche mit besonderer Geschicklichkeit in gläserne Hohlkugeln allerhand sparriges Geräthe hineinzubauen wissen, und zumal habe ein kleiner buckeliger Kerl die wunderlichste Fertigkeit besessen, und z. B. ein kleines Faß von ein paar Zoll Länge, innerhalb einer solchen Kugel, durch die enge Oeffnung derselben aus seinen Theilen zusammenzusetzen und wieder auseinanderzunehmen gewusst. Auch hier verweisen somit die einsamen Thäler und weiten Nadelwälder den Menschen mehr auf sich selbst und bringen ihn hierbei zu ähnlichen grillenhaften Beschäftigungen.«

Daß einem unweit von Oppenau, droben am Mummelsee, wo man an manchen Tagen vor lauter Nebel die eigene Hand vor dem Gesicht kaum sieht, schauderliche Gedanken kommen können, erlebt man auch, ohne die dort spielenden Gruselgedichte und Gruselgeschichten von Grimmelshausen und Mörike kennen zu müssen. Auch der Anblick ungeheuerlicher Kahlschlagflächen mit Tausenden von Baumruinen, die wenig von Caspar David Friedrichs Melancholie ausstrahlen, ist erschreckend, zumal sie sich dem Orkan Lothar verdanken, der an Weihnachten 1999 das Gesicht des Schwarzwalds über Nacht verändert und bis heute gewaltige Spuren hinterlassen hat. Was aber die Verwüstung, das *Memento mori*, die Vergänglichkeit und die *Vanitas* anbelangt, so muß man ins Elztal fahren, um des Todes auf andere Weise angesichtig zu werden. Die Elztäler Kleinstädte und Dörfer sind vor allem für ihre Fasnetsumzüge bekannt, bei denen die Hästräger mit Saublodra – auf Hochdeutsch: Schweinsblasen – durch die Gassen ziehen, die sie abwechselnd auf die Straße und den Leuten auf die Schädel hauen. Etwas von diesem Fasching bekommt man auch in der Beinhauskapelle des kleinen, im benachbarten Simonswäldertal gelegenen, von Schwarzwaldbergen eingekreisten Dorfes Bleibach mit. Sie zeigt einen Totentanz, bei dem sechs Sensenmänner eine bizarre kleine Musikkapelle, um nicht zu sagen eine Jazzband bilden, deren Trommler, Trompeter und Geiger toller nicht aufspielen könnten. Wer Glück hat, trifft dort den Maler und Kirchengemeinderatsvorsitzenden Hans Schätzle an, der einem mit seinem vom Rauchen gelb gewordenen Bart die Enstehungsgeschichte dieses Totentanzes erklären kann und zu jedem Bild die dazugehörigen Verse rezitiert. Dabei erfährt man, daß er weltweit der einzige im Original erhaltene ist, nachdem von seinem berühmten Basler Vorbild nur noch eine Kopie existiert. Ebenso erfährt man, daß einst im Bleibacher Beinhaus die Totenschädel neben- und übereinander aufgestellt und mit Namen versehen worden sind, so daß die verstorbenen Verwandten den Hinterbliebenen beim sonntäglichen Gedenken direkt gegenübergestanden haben und ihnen drastisch vor Augen geführt worden ist, wie sie auch bald einmal aussehen werden. Tatsächlich gehören die sechsunddreißig Tafeln dieses Bleibacher Totentanzes zum Wunderbarsten, was einem weit und breit begegnen kann, zumal sie einen alles andere als trübsinnig machen. »Das sind die ersten Comics«, meint Hans Schätzle, »die haben nicht die Amerikaner erfunden.«

Wie wenig die irdischen Dinge verbindlich sind, können einem auch Geologen erklären, die es für möglich halten, daß der Oberrheingraben eines Tages auseinanderbricht und das nördliche Frankreich vom deutschen Süden abtrennt. Kleinere Erdbeben gibt es zwischen Colmar und Freiburg immer wieder, so daß auch bei mir gelegentlich die Bücherregale wackeln. Es sind vermutlich Vorboten einer Entwicklung, die dafür sorgen könnte, daß wir irgendwann nicht mehr am Rhein, sondern am Meer spazierengehen und – ähnlich wie zwischen Calais und Dover – mit einem Schiff ins Elsaß übersetzen müssen. Daß es bis dahin eine Weile hin ist und auch unsere Urenkel noch die Brücken benützen können, scheint jedoch außer Frage zu stehen.

Wo der Rhein beziehungsweise das zukünftige Meer nicht für Eindeutigkeit sorgt, bleiben – was das Land Baden anbelangt – eh einige Grenzen fließend. So gelten von Freiburg aus gesehen die Konstanzer als Bodenseeschwaben, obwohl sie eindeutig zu Baden gehören, während die Heidelberger und Mannheimer sich als Kurpfälzer fühlen. Johann Peter Hebel wiederum schien sein südliches Wiesental unendlich fern, als er in Karlsruhe Gymnasiallehrer und Hofprediger war. Daß er im noch nördlicheren Schwetzingen begraben worden ist, dürfte ihm, hätte er es miterlebt, das Herz gebrochen haben, obwohl Schwetzingen mit seinem Rokoko-Schloß und seinen sommerlichen Festspielen ein fürstlicher Ort ist, den anno dazumal auch Voltaire und Mozart aufgesucht haben, während man heutzutage mit Schwetzingen vor allem Spargel verbindet. Daß Kurfürst Karl Philipp in den nahen Wald eine zweihundert Fuß breite Lichtung hat schlagen lassen, um vom Schloß aus die Pfälzer Berge sehen zu können, zeigt aber auch, wohin man sich dort oben schon immer orientiert hat. Wer im übrigen meint, daß jene prächtige rote Moschee, die im Schwetzinger Schloßgarten aufragt, für unsere türkischen Landsleute erbaut worden ist, täuscht sich. Sie verdankt sich einzig und allein dem architektonischen Prunkbedürfnis des Kurfürsten und ist nichts anderes als Ausdruck der damaligen Orientmode, wie sie auch in Montesquieus *Perserbriefen* und Mozarts *Entführung aus dem Serail* zum Ausdruck kommt. Mit Verbrüderung und EU-Erweiterung hat sie nichts zu tun, sie soll bloß schön anzusehen sein. Dafür befindet sich gleich nebenan in Mannheim, genau gegenüber der katholischen Liebfrauenkirche, eine echte Moschee, die Mitte der neunziger Jahre erbaut worden ist und bislang als die größte in ganz Deutschland gilt. Minarett und christlicher Glockenturm stehen dabei so friedlich beisammen, daß man meinen könnte, diese Zweiheit sei das Selbstverständlichste der Welt.

Daß Touristen vor allem Altes und wenig Neues anzieht, kann man wie nirgends sonst im benachbarten Heidelberg erleben. Anpreisen läßt sich an dieser Stadt eh nichts mehr, da die Myriaden von Reiseführern, Werbebroschüren und literarischen Heidelberg-Anthologien eh unentwegt Eichendorff, Brentano, Achim von Arnim und natürlich auch Hölderlins berühmtes *Heidelberg*-Gedicht (»Du der Vaterlandsstädte Ländlichschönste«) ausschlachten, weshalb jeder Versuch, noch eins draufzusetzen, läppisch wirken müßte. Auch Mark Twain hat auf seiner Reise durch den deutschen Süden als erstes Heidelberg besucht und darüber gestaunt, daß die Korps-Studenten generalstabsmäßig Bier in sich hineinschütten und zwischendurch den Finger in den Mund stecken, um ihrer Saufpflicht protokollgemäß

Genüge zu leisten, ganz zu schweigen von ihrer Lust, sich beim Fechten für den Rest des Lebens die Backe zu verunstalten. Gottfried Keller wiederum, der für das romantische Säuseln und Sehnen nicht allzu viel übrig hatte und es gerne ein bißchen alltagsnäher mochte, meinte, man müsse nach Heidelberg reisen und vom Schloß aus auf den Neckar, die Rheinebene und die blau schimmernden Pfälzer Berge hinüberblicken, um zu erfahren, was Romantik bedeutet. Zu ihr, so erklärt er angesichts dieses Anblicks, gehöre die vergangenheitsselige Sehnsucht nach einer Welt, in der alles *mäßig* ist, was konkret heißt, daß dort nichts zu groß und nichts zu klein sein darf, weder die Berge noch die Flüsse, nicht die Wälder und nicht die Felder und auch nicht die Burgen und Städtchen. Dagegen faßt sich Hans Christian Andersen, der im Sommer 1852 durch Heidelberg kommt, anläßlich eines Morgenspaziergangs zum Schloß hinauf denkbar kurz: »Trank Bier dort oben und wanderte in den Ruinen herum«, notiert er in seinem Tagebuch. Mehr fällt ihm zu Heidelberg nicht ein.

Baden-Baden wiederum fällt nicht nur deshalb aus dem Rahmen, weil es nebst anderen luxuriösen Einrichtungen mit dem *Brenner's* das teuerste Hotel Deutschlands besitzt, hinter dem laut Statistik die Adlons, Steigenbergers und Kempinskis zurückfallen. Auch aus anderen Gründen ist Baden-Baden eine Welt für sich. Selbst während der Nazizeit wurden dort NS-Aufmärsche vermieden, damit die ausländischen Gäste nicht mit teutonischem Getrampel erschreckt wurden und weiterhin zur Kur und ins Casino kommen wollten. Am liebsten wird hier auf Turgenjew, Dostojewskij und andere Russen verwiesen, um zu demonstrieren, wie bedeutend dieser Ort im 19. Jahrhundert gewesen ist. Immerhin kann man in Baden-Baden stolz auf solche Namen sein, während im kleineren Badenweiler der Bürgermeister in den 50er Jahren dagegen war, daß von Tschechow eine Büste aufgestellt wurde. Dieser Mann hatte nicht das geringste gegen das, was Tschechow geschrieben hat, aber er wollte vermeiden, daß ein Kurort mit einem Gast angibt, der dort gestorben ist. Daß man dagegen nach Baden-Baden gar nicht pilgert, weil man sich krank fühlt, erklärt Gogol in einem Brief, den er 1836 nach Hause schickt: »Ich lebe jetzt in dem berühmten Kurort Baden-Baden«, heißt es da, »ich wollte nur drei Tage bleiben, und schon drei Wochen kann ich mich nicht loßreißen. Ich habe ziemlich viele Bekannte getroffen. Es gibt hier niemanden, der ernsthaft krank wäre. Alle kommen nur hierher, um sich zu amüsieren.«

Dostojewskij wiederum soll auf der Flucht vor seinen Gläubigern 1863 bei seiner Ankunft gleich am Bahnhof Turgenjew in die Arme gelaufen sein und ihn um eine größere Menge Kopeken angebettelt haben, die er ihm nach ein paar glücklichen Spielrunden sofort zurückzahlen wollte. Daß es anders kommen sollte, ist nicht verwunderlich, doch Dostojewskij zahlt seine Schuld damit heim, daß er Turgenjew als vaterlandslosen Gesellen hinstellt und ihm rät, sich ein Fernrohr anzuschaffen, um überhaupt noch etwas vom

Leben in Russland mitzubekommen. Wie seine berühmte Puschkin-Rede beweist, wird Dostojewskij am Westen fortan kein gutes Haar mehr lassen. Die Rettung der Welt sieht er nur noch in einem christlich-orthodoxen Russentum. Turgenjew borgt auch dem durchreisenden Tolstoj Geld, der es genauso wie Dostojewskij verspielt und genau wie dieser später dem dekadenten Westen den Untergang wünscht.

Weil Turgenjew nicht wie Dostojewskij und Tolstoj im Casino jeden Halt verliert, hat er es auch nicht nötig, gleich das ganze Abendland für seinen schnöden Materialismus verdammen zu müssen und in weltanschauliche Fundamentalismen zu flüchten. Was ihn dagegen jahrelang in Baden-Baden hält, ist ein Dreiecksverhältnis mit der für ihren immensen Stimmumfang in ganz Europa berühmten Sängerin Pauline Viardot. Er lernt sie bei einem Gastspiel in Sankt Petersburg kennen und reist ihr nach Paris nach, wo sie mit ihrem Mann, dem Theaterdirektor Louis Viardot, lebt, mit dem sie vier Kinder hat. Als ihre Stimme nachläßt, beschließt sie, nach Baden-Baden umzuziehen, um nicht in Paris ihren Abschied von der Bühne erleben zu müssen. Damit ihrem Mann der Aufbruch in die Provinz nicht allzu schwer fällt, behauptet er, als Republikaner gehe ihm der falsche Glanz des Second Empire eh längst auf die Nerven. Und so kommt es, daß auch Turgenjew Paris in Richtung Baden-Baden verläßt. Unter der Leitung von Hector Berlioz stellt Pauline Viardot sich zur Begrüßung den Baden-

Badenern in einem Konzert vor. Da ihre öffentlichen Auftritte aber auch hier immer spärlicher werden und sie sich zunehmend aufs Unterrichten und Komponieren verlegt, schreibt Turgenjew für sie ein Operetten-Libretto mit dem Titel *Der Letzte Zauberer*, das von Johannes Brahms im Haus Viardot uraufgeführt wird. Bei der ersten öffentlichen Präsentation am Karlsruher Hoftheater fängt das Publikum jedoch nicht nur zu pfeifen an, es heißt in der Presse auch noch, der russische Emigrant und seine Mätresse hätten sich mit maßlosen Honorarforderungen daran dumm und dämlich verdient. Solche Geschichten ändern jedoch nichts daran, daß Turgenjew sich längst als Deutscher fühlt und dieses Land nicht mehr verlassen will. Wie für fast alle Ausländer ändert sich das für ihn abrupt mit dem Deutsch-Französischen Krieg. 1870 verläßt er Baden-Baden gemeinsam mit den Viardots in Richtung London, von wo er mit ihnen ein Jahr später wieder nach Paris umzieht.

Ganz anders, als man es aus seinen sonst so feingeschliffenen Werken kennt, zeichnet Turgenjew in seinem Roman *Rauch* das bizarre Bild einer russischen Gesellschaft, die im Baden-Badener *Europäischen Hof* verkehrt und aus Gräfinnen, Fürsten, Spitzeln, Anarchisten und Offizieren besteht, die über Gott und die Welt und vor allem die russische Seele, die Notwendigkeit einer Revolution und geistigen Erneuerung diskutieren. Es sind meist reiche, in Langeweile erstickende und ins Glücksspiel flüchtende Leute, die in dichtem Zigarrenqualm über den Gang der Weltgeschichte schwadronieren und so gut wie alle übereinander herziehen, während in Rußland die Verhältnisse sich tatsächlich zuspitzen und schließlich in einer Revolution münden. Heutzutage dagegen fürchten manche Baden-Badener, die Russen könnten bald ihre ganze Stadt aufgekauft haben und sie damit zu Untermietern machen. Dabei war es niemand aus Moskau oder Sankt Petersburg, der kürzlich das Neue Schloß, den einstigen Stammsitz des Hauses Baden, erstanden hat, sondern eine kuwaitische Geschäftsfrau, die aus ihm ein Luxushotel machen will.

Die Spielbank, die Pferderennen im benachbarten Iffezheim und das Friedrichsbad, in dem man sich von den Strapazen der Casinobesuche erholen kann, haben die geschichtlichen Katastrophen unbeschadet überdauert, weshalb man meinen könnte, Baden-Baden sei wie die Schweiz eine von Krisen nahezu verschonte und durch ausländisches Geld alimentierte Welt in der Welt. Zwar gab es Zeiten, in denen die Spielbank geschlossen war, was die Attraktivität der Stadt aber kaum gemindert hat, zumal man sich auch ohne sie in die Belle Epoque zurückversetzt fühlen kann. Schließlich fand auch nicht in Baden-Baden, sondern im benachbarten Rastatt die Badische Revolution statt, wo es außer dem vereinsamten Schloß heutzutage nichts mehr gibt, was an prächtigere Zeiten erinnert. Obwohl auch zwischen Festspielhaus und Friedrichsbad längst prollige Pizzerien, Kebab-Buden und Teenie-Bistros das Bild prägen und mancher Wirt glaubt, er könne mit pampigen Flammkuchen französisches Flair verbreiten, kann man sich angesichts der Prachtfassaden, die ein Stück Paris an die Oos holen, immer noch in Zeiten zurückträumen, die als glorreicher gelten.

Angesichts der vielen berühmten Namen, mit denen sich diese Stadt schmückt, ist von einem nur selten die Rede. Dabei hat Georg Groddeck seit dem Jahr 1900 mehrere Jahrzehnte lang im heutigen Hotel Tanneck, das sich damals Villa Marienhöhe nannte, ein Sanatorium geleitet, in dem alles andere als die üblichen Heilmethoden zur Anwendung kamen. Er gilt als einer der Wegbereiter der Psychosomatik, weshalb auch bis vor kurzem eine therapeutische Klinik auf dem Freiburger Lorettoberg nach ihm benannt war. Bekannt geworden ist er als »wilder Psychoanalytiker«, der *Das Buch vom Es* geschrieben hat, jedoch mit seinem vollkommen losgelassenen, vor Witz und Phantasie sprühenden Assoziieren mehr begeisterte Leser bei Schriftstellern als in der therapeutischen Zunft finden sollte. Zwar versucht Groddeck den verehrten Doktor Freud aus Wien immer wieder nach Baden-Baden zu locken, doch bei aller anfänglichen Wertschätzung des deutschen Kollegen wächst bei diesem die Sorge, das Ansehen seiner neuen, längst noch nicht etablierten, von allen Seiten angefochtenen Therapiemethode könnte durch Groddecks regelloses Vermischen und Vermengen von allem mit jedem einen ähnlichen Schaden nehmen wie durch den mystischen Spintisierer C. G. Jung. In ein System lassen Groddecks hemmungslos schweifende

Gedanken sich eh nicht pressen. Allenfalls steht fest, daß für ihn geistige und körperliche Exkremente nur zwei verschiedene Ausstoßungsformen ein- und derselben Befindlichkeit sind. Ob ein Patient eher vital oder verstopft wirkt, sagt in seinen Augen von vornherein mehr als allerlei medizinische Anamnesen. Als die vier besten Lehrbücher der Psychoanalyse preist er den *Ring des Nibelungen*, *Peer Gynt*, *Faust* und *Struwwelpeter* an. Einen seiner Vorträge, die er regelmäßig am Mittwochabend im Sanatorium hält, schließt er mit der Bemerkung: »Ich bitte Sie, es nicht zu ernst zu nehmen, wenn Sie nicht alles auffassen, nach und nach wird es schon in Ordnung kommen. Wenn Sie nicht folgen können, greifen Sie ruhig zu dem bewährten Mittel, für ein paar Augenblicke einzuschlafen.« Und in seinem *Buch vom Es* heißt es einmal: »Manchmal ist eine phantastische Erklärung besser als gar keine.« Im übrigen hat Georg Groddeck als Mitbegründer und Aufrichtsratsvorsitzender der Baden-Badener Baugenossenschaft dafür gesorgt, daß am Ufer der Oos im Grünen eine Arbeitersiedlung gebaut wird, die nicht jene Trostlosigkeit ausstrahlt, der man üblicherweise in solchen Wohngegenden begegnet.

In der Geschichte des Landes Baden spielen zwei andere Städte allerdings eine weitaus wichtigere Rolle. Beide könnten unterschiedlicher nicht sein, zumal die eine auf eine über tausendjährige Geschichte zurückblicken kann, während die andere erst vor dreihundert Jahren aus dem Boden gestampft worden ist. Die eine ist eine Zähringer-Gründung, was sich an den dafür charakteristischen, rechtwinklig sich kreuzenden zentralen Straßen zeigt, wie man ihnen auch in Offenburg und Villingen oder dem schweizerischen Fribourg und Bern begegnen kann. Die andere wird bereits an der Autobahn als Fächerstadt angepriesen, was sie ihren strahlenförmig auf den Schloßturm zuführenden Straßen verdankt, weshalb Kleist im Winter 1801 an seine Schwester schreiben kann: »Es ist schade, daß du diese Stadt, die wie ein Stern gebaut ist, nicht gesehen hast. Sie ist klar und lichtvoll wie eine Regel, und wenn man hineintritt, so ist es, als ob ein geordneter Verstand uns anspräche.« Foucault wollte zweihundert Jahre später in einer solchen Transparenz nichts Wünschenswertes, sondern bloß noch den Willen zur Überwachung erblicken. Doch das ist eine andere Geschichte. Was diese beiden Städte anbelangt, so könnte man auch kurz und bündig sagen: Die eine ist alemannisch, die andere badisch. Zweimal in der Geschichte hat das zu der kapitalen Frage geführt, welche von beiden die Hauptstadt sein darf. Das erste Mal wurde Freiburg von vornherein ausgebootet, weil der Regent des 1806 gegründeten Großherzogtums Baden seine Schlösser eh in Rastatt und Karlsruhe stehen hatte. Das andere Mal hatte der im Freiburger Colombi-Schlößle residierende badische Staatspräsident Leo Wohleb darauf gehofft, seinen Amtssitz behalten zu dürfen. Daß es dann ganz anders kommen und schließlich von Stuttgart aus regiert werden sollte, war natürlich noch viel schlimmer, als wenn Karlsruhe den Vorzug bekommen hätte.

Hebel schreibt in einem Brief vom Oktober 1793: »Jetzt lauf ich wieder in dem Geräusch der Stadt umher, allenthalben umgeben von Häusern und Mauren, die doch noch den Vorteil haben, daß sie meinem Auge die unfreundliche, langweilige Sandfläche, das leere, tote Wesen der ganzen Gegend verbergen.« Gemeint ist natürlich Karlsruhe, wohin es wenige Jahre danach auch Rahel von Varnhagen verschlagen hat, weil ihr Mann zum preußischen Gesandten am Badischen Hof ernannt worden ist. Es muß für sie eine Katastrophe gewesen sein, zumal in ihrem Berliner Salon alles, was Rang und Namen hatte, ein und aus gegangen war. Sie leide nicht nur an diesem »tiefen feuchten Tal«, schreibt sie an ihre Schwester, sondern auch an der Langeweile der »elend kleinen, verhedderten Hofresidenz«. Ihrem Freund Custine in Paris meldet sie: »Dabei lebe ich das desesperierteste, einsamste, ungeselligste, unfreundlichste Leben: ohne Erheiterung, Reiz, Spannung, Anregung irgend einer Art, ohne alle Geschäfte und Tätigkeit, einsam und allein; aber in unabgebrochener Störung. So, dass ich ganz verdumme, und auch nicht mehr zu schreiben vermag. Von mir ist gar nicht mehr die Rede … Es ist mir unmöglich, mir hier eine stehende Sozietät zu bilden … An Hof geh ich nicht. Es will nicht viel bedeuten, und alle, die hingehen, klagen: und doch, da es in dieser Residenz nur eine dürftige Gesellschaft giebt und keine Gegengewichte, so ist man gewissermassen ›ternie‹, wenn einen das Geschwader dort nicht erblickt.« *Ternie* meint soviel wie blasse Figur und Außenseiter, womit es für sie ein Ende hat, als ihr Mann nach drei Jahren wieder nach Berlin zurückberufen wird. Etwas Schöneres hätte sie in Karlsruhe nicht erleben können, als die Stadt wieder verlassen zu dürfen. Im Jahr 2005 erscheint von der in Karlsruhe geborenen Schriftstellerin Angelika Overath der in ihrer Kindheit spielende Roman *Nahe Tage*, in dem all das, was Hebel und die Varnhagen vor zweihundert Jahren formulieren, wiederzuentdecken ist, ohne daß diesmal jedoch Klage darüber geführt würde. Zwar handelt dieses Buch nicht ausdrücklich von Karlsruhe, doch atmosphärisch sind die »feuchte, flimmernde Wärme«, »die Rheinebene mit den Spargelplantagen und Tabakfeldern«, der sandige Boden, das schlammige Wasser der Altrheinarme und die brütende Hitze ständig anwesend, wobei das gleichmäßige Rauschen der Autobahn noch hinzukommt, das die Stadt gleich einem Meer umgibt.

Im Fernsehen kommt Karlsruhe seit ein paar Jahrzehnten jeden dritten Abend vor, da in den Nachrichten ständig die neuesten Urteile des dort residierenden Bundesverfassungsgerichts eine Rolle spielen. Für die Stadt selbst ist allerdings von größerer Bedeutung, daß es seit den neunziger Jahren das Zentrum für Kunst und Medientechnologie, kurz ZKM, gibt, das allein seiner Architektur wegen einen Besuch lohnt. Es logiert in einer ehemaligen Munitionsfabrik, deren Hallen für die in ihrer Art einmalige

Hochschule umgebaut und mit gläsernen Lichthöfen versehen worden sind. Die daran angegliederte Hochschule lei-
tet Peter Sloterdijk, der ebenso wie der Komponist Wolfgang Rihm in Karlsruhe geboren ist. Beide scheinen keinerlei Bedürfnis zu haben, ihrer Stadt den Rücken zu kehren.
Kennt man Karlsruhe nur von kurzen Aufenthalten, er-
schließt sich einem kein richtiges Bild dieser Stadt. Von
Plätzen, die reichlich verloren wirken, über einen klobigen
Theaterbetonbau bis hin zu allerlei Prachtgebäuden und
heimeligen Altstadtgassen findet sich alles, ohne daß sich
heute noch das Gefühl einstellen würde, jede Straße laufe
strahlenförmig auf den Schloßturm zu.

Ganz anders dagegen erlebt man Freiburg, dessen Innenstadt, von wenigen Ecken abgesehen, wie aus einem Guß
wirkt. Wer sich ihr nähert, dem fällt vor allem zweierlei
auf: die zahllosen Radfahrer und jene allgegenwärtigen, ins
Kopfsteinpflaster eingefaßten Bächle, die in fast jeder Gasse
den Weg säumen. Das Mittelalter, die übliche Nachkriegs-
architektur, Gründerzeitviertel, Ökobauten, dörfliche Ek-
ken und Hochhaussiedlungen finden sich auch hier beieinander, doch sie sind weitgehend nach Stadtteilen getrennt,
so daß man sich die jeweilige Kulisse aussuchen kann. Freiburgs Wahrzeichen ist natürlich das Münster mit seinem
lichtdurchfluteten, durchbrochenen Turm, von dem Jacob
Burckhardt behauptet, er sei der schönste der ganzen Chri-
stenheit. Daß hier ländliches und weltläufiges Flair ineinander übergehen, hat schon Walter Benjamin, der in den Jahren

1912 und 1913 in Freiburg studiert hat, in eine gewisse Rührung versetzt. Neben der »überberlinischen Schönheit« der Universität hat es ihm vor allem der dörfliche Anna-Platz angetan, an dem er gewohnt hat. »Jetzt bin ich hier in einem wundervollen Sommer zur Ruhe gekommen«, heißt es in einem Brief, »und wenn ich auf den Kirchplatz vor meinem Fenster sehe, ein alter Brunnen, eine einzige ganz hohe Pappel in der Sonne, dahinter Häuser wie aus dem goethischen Weimar (ganz klein) – kann ich mir kaum mehr das Ungeheuerliche vorstellen, daß ich fast in Berlin geblieben wäre.« Zumindest am Anna-Platz hat sich seither nicht viel geändert. Und daß die Stadt einmal vorderösterreichisch war, sieht man im und ums Münster herum an allen Ecken und Enden. Nicht nur daß die Fassade des benachbarten Historischen Kaufhauses die Statuen von vier Habsburger-Kaisern schmücken, vielmehr schaut jeder, der im Münster zum Altar blickt, auf den kaiserlichen Doppeladler, der hinter und über ihm auf einem Fenster prangt und damit den perspektivischen Fluchtpunkt des ganzen Gotteshauses bildet. Nach der Gründung des Großherzogtums Baden erhofften sich viele Freiburger noch manche Jahre die Rückkehr zu Österreich. Als Kaiser Franz sich 1814 auf Durchreise in Basel befand, machten ihm nebst dem Freiburger Oberbürgermeister auch allerlei Professoren und Bürgersleute die Aufwartung, als sei er immer noch ihr Oberhaupt oder könnte es zumindest bald wieder werden. So vehement heute gegenüber den Schwaben eine badische Identität behauptet wird, so unglücklich fühlte man sich damals, als die Anordnungen aus Karlsruhe kamen.

Fährt man von Mannheim ins nördliche Ried hinaus, endet die Fahrt auf einmal am Rhein. Anders als zwischen Basel und Straßburg ist er hier nicht strikt begradigt, so daß an sanften Biegungen schmale Sandbänke in den Fluß hineinragen. Unweit dieser Rheinauen liegt ein Anwesen, das aus einem Dutzend verwitterter Gesindehäuser, Stallungen und mit Glockentürmen ausstaffierter Hauptgebäude besteht, deren einst gelbe Fassaden ausgebleicht oder mit Efeu überwuchert sind. Wollte man dort einen Film, der im 19. Jahrhundert spielt, drehen, müßte man im Biergarten lediglich die Plastikstühle gegen Holzbänke eintauschen. Flieder, Pappeln, Kastanien, Trauerweiden, Holunderbäume und Schafgarben spielen die Hauptrolle auf diesem arkadisch verlotterten Gelände, das rundherum von Weizen-, Raps- und Spargelfeldern umgeben ist, in die hoch aufragende Alleen Schneisen schlagen. Schon ihre Eltern seien hier Gutsverwalter gewesen, erzählt die junge Wirtin, doch weil das Land kein Geld habe, warteten die Gebäude seit ewiger Zeit vergeblich darauf, renoviert zu werden. Daß sie nicht herausgeputzt sind, macht für den Durchziehenden ihren verwelkten Charme aus. Im Grunde wartet man in diesem Biergarten darauf, daß gleich eine Kutsche um die Ecke biegt und Gänse durch den Hof spazieren, auch wenn vor den Wohnhäusern schnellere Schlitten stehen, die das

Idyll beeinträchtigen, was die mit Oma-Gardinen bestückten, von wildem Wein umrankten Fenster jedoch wieder ausgleichen. Kirschgartshausen nennt sich dieser abseitige Ort, an dem die Wirtin nur unter der Bedingung, daß man sich nicht auf sie beruft, bestätigen will, daß ihre Wirtschaft die letzte badische vor der hessischen Grenze ist.

4.

Spargel, Schnecken, Sulz, Klingelberger, Malterdinger und ein Metzger aus Endingen

Kürzlich hagelte es im Freiburger Regionalteil der *Badischen Zeitung* seitenweise Leserbriefe, die höhnischer nicht hätten sein können. Den Anlaß gab ein Professor, der gehört hatte, daß man im Emmendinger Vorort Wasser, genauer gesagt im dortigen *Ochsen*, schlicht und hervorragend essen können soll. Also machte er sich auf den Weg, um zu sehen, was es damit auf sich hat. Verlassen hat er die Wirtschaft mit einem derartigen Entsetzen, daß es ihm dringend geboten schien, seinen ganzen Unmut, ja seinen schieren Schock in einem Leserbrief kundtun zu müssen. Der Professor muß sich, wie nur selten in seinem Leben, aufs schlimmste hereingelegt gefühlt haben. Schließlich wurde ihm im *Ochsen* nicht das aufgetischt, was er zu bestellen geglaubt hatte. Nicht daß das Essen ekelhaft geschmeckt oder aus vergammeltem Fleisch bestanden hätte, vielmehr sollte die Tatsache, daß man ihm einen solchen Anblick überhaupt zuzumuten gewagt hatte, seine Galle überlaufen lassen. Weil die Wirtsleute nicht recht wußten, was sie falsch gemacht hatten, den Professor aber kaum noch beruhigen konnten, gaben sie ihm einen Schnaps, auf daß er wieder zu sich finde. Und so wäre die Sache auch ohne größeres Aufsehen gütlich geregelt gewesen, hätte es der Professor nicht in einem Anfall von aufklärerischem Furor als seine akademische Pflicht angesehen, die Öffentlichkeit über die fatalen Folgen unterrichten zu müssen, welche sich einstellen können, wenn arglose Wesen wie er durch gloriose Gerüchte in ländliche Wirtshäuser gelockt werden, um dort, nichts Böses ahnend, eine Speise namens Sulz zu bestellen, wie sie auf der Karte steht. Doch sein Leserbrief sollte das Gegenteil dessen, was mit ihm beabsichtigt war, bewirken. Daß er mit seinem Unwissen, was eine Sulz ist, auch noch glaubte auftrumpfen zu dürfen, hat – um in der Metaphorik des Wirts- und Winzergewerbes zu bleiben – dem Faß den Boden ausgeschlagen. Dabei war dieser Mann, wie sich herausstellte, nicht einmal ein Zugezogener, sondern ein geborener Freiburger, was das Kopfschütteln gar nicht mehr enden lassen wollte. Und all das nur, weil er eine Sulz für eine Sülze gehalten und also das, was auch Tellergallert genannt wird, erwartet hatte. Daß Sulz nichts anderes als Kutteln sind, wußte er nicht, obwohl man zumindest zwischen Burkheim am Kaiserstuhl und Waldkirch im Elztal rundum den Begriff Sulz benutzt und kaum einmal von Kutteln spricht. Wer von außen kommt, tut allerdings gut daran, bei den in Baden höchst beliebten Kulinarien wie Kratzete, Kretzer, Ziehbärtle, Schäufele, Brägele, Bibbeleskäs ober eben auch Sulz vor dem Bestellen zu fragen, ob es sich um Gewürze, Gedärme oder Schnäpse handelt.

Norddeutsche halten jenes Kuttel-Gekröse, das auch unter dem Namen Pansen bekannt ist, eh für reinen Schweinsfraß, während es zwischen Madrid und Mailand, Marseille und München zur Gourmetküche gehört. In Sternerestaurants trifft man Kutteln weit eher als in Abfertigungskneipen an, was verständlich ist, wenn man bedenkt, daß es bei ihnen auf nichts anderes als die Soße ankommt, in der sie schwimmen. Das haben sie, auch wenn sich beides schlecht vergleichen lässt, mit Schnecken gemein, die für sich genommen auch keinen bemerkenswerten Eigengeschmack besitzen, aber mit heißer Kräuterbutter oder in einer Suppe beste Wirkung erzielen können. Während Schnecken jedoch beidseits des Rheins zu den gängigen Vorspeisen gehören, sind Kutteln fast nur im Badischen zu Hause, wogegen die Elsässer sie, ganz anders als die »richtigen« Franzosen oder etwa die Schweizer, nur selten anbieten. In der Schweiz ißt man sie à l'italienne, also in Tomatensauce, in Frankreich mit Kräutern und Knoblauch, die in Cidre gekocht werden, und im Badischen werden sie in einer mit Weißwein versetzten Fleischbrühe geköchelt oder gebraten. Dazu gibt's Brägele, was auf hochdeutsch Bratkartoffeln bedeutet, an denen sich zeigt, ob der Koch sie einfach nur in die Pfanne geworfen und zu einem Matsch verrührt oder braun bis zur schwärzlichen Steineshärte gebraten oder genau die richtige Mischung aus noch saftigen Scheiben und krossem Goldglanz hingekriegt hat. Im übrigen kann man Leuten, denen allein beim Wort Kutteln speiübel wird, nur raten, sie wenigstens ein einziges Mal zu probieren. Es könnte eine Bekehrung fürs Leben werden. Erfolg hatte ich mit solchen Ratschlägen bislang allerdings keinen, da die meisten Leute weit weniger abenteuerlich sind, als sie meinen.

Während Nieren wiederum im Elsaß auf so gut wie jeder Karte zu finden sind, bekommt man sie auf unserer Seite nur gelegentlich, dafür aber im Freiburger Sternerestaurant *Colombi* oder im Oberbergener *Rebstock*, dessen Wirtin nicht zufällig Elsässerin ist. Zubereitet werden sie hier meist anders als etwa im Schwäbischen, wo sie zuweilen als Ganze mit Kräutern gefüllt werden, wogegen die Elsässer und Badener sie in einer Sauce aus grobkörnigem Dijonsenf köcheln lassen. Was aber den *Ochsen* in Wasser anbelangt, so hat man dort freie Auswahl, wobei diese Wirtschaft äußerlich überhaupt nichts hermacht und niemanden, der auf der Suche nach einem guten Lokal ist, zum Anhalten veranlassen würde. Auch wer im Aushang die Speisekarte überfliegt, entdeckt bloß die übliche Schnitzelküche, als möchte der Wirt absichtlich nicht verraten, daß es auch Schneckensuppe und Sulz in dreifacher Ausfertigung gibt. Beim Betreten der niederen Stube schwappt einem an Wochenenden eine Lautstärke entgegen, die sich keiner Musikbeschallung, sondern dem Umstand verdankt, daß meist kein einziger Platz mehr frei und auch das Nebenzimmer überfüllt ist. Am Stammtisch sitzt, wie seit Urzeiten, die gewohnte Männerrunde vor ihren Biergläsern, an der Wand hängen Zinnteller und Regale mit bunt bemalten Krügen, und die Tische werden von stoffbehangenen Lampenschirmen erhellt. Mit schick hergerichteter Folklore, wie sie einem sonst so oft begegnet, hat das wenig zu tun, eher kommt es einem so vor, als hätte sich hier seit fünfzig Jahren so gut wie nichts verändert. Auch beim Durchblättern der Karte läuft einem nicht gleich das Wasser im Mund zusammen, schließlich hört sich fast alles nach deftigem Durchschnitt an. Probiert man aber den glänzenden, lauwarmen Kartoffelsalat, möchte man am nächsten Tag sofort wiederkommen.

Einen gleich guten, aber mit geriebenen und dabei unsichtbaren Zwiebeln, gibt es weit und breit nur noch im ländlichschönen *Löwen* in Freiburgs dörflichem Stadtteil Lehen, wo einst Jos Fritz als Weinbergwächter gelebt hat. Vom Löwenzahnsalat über die Bärlauchsuppe bis zur Schlachtplatte kocht man dort, von den Maultaschen und Kässpätzle einmal abgesehen, im besten Sinn nach den Jahreszeiten. Daß man solche Wirtschaften suchen muß, spricht eigentlich nicht für eine Gegend, in der man angeblich wie Gott in Frankreich essen kann. Sieht man einmal von der Sterneküche im *Colombi* ab, hat Freiburgs Innenstadt eh fast nur Dönerbuden, asiatische Imbisse und Pizzerien zu bieten. Auch der Elsässer Thierry Falconnier, dessen Fisch- und Ochsenschwanzgerichte Abwechslung in die Freiburger Küche gebracht haben, ist inzwischen in den Vorort Gundelfingen ausgewandert, wo er jetzt das

Bahnhöfle betreibt. Bleibt fast nur noch das neu eröffnete *Drexlers*, das zur gleichnamigen Weinhandlung gehört, was den Vorteil hat, daß dort Hunderte hervorragender Weine zur Auswahl stehen, die den Ladenpreis kaum übersteigen. Eine gutbürgerliche Küche, die diesen Namen verdient, findet sich jedoch fast nur noch in jenen ehemaligen Dörfern, die wie Merzhausen und Lehen an den Stadträndern liegen. In beiden gibt es einen *Hirschen*, nur daß derjenige in Lehen bereits zur Hochküche tendiert, während in Merzhausen so schlichte Dinge wie Fleischküchle zum Festessen werden können.

Daß man in Baden etwas von Wein und Essen versteht, pfeifen die Spatzen von den Dächern. Verglichen mit manchen Landstrichen zwischen dem Niederrhein und der Oder ist das auch keine Kunst, zumal man sich nicht nur an der Ostsee fragen kann, warum dort so wenige Köche eine Ahnung davon haben, wie man mit Fisch umgeht. Obwohl wir im Süden meilenweit von jedem Meer entfernt sind, würde hier kein Mensch eine zarte Scholle mit Wiener-Schnitzel-Panade und einer Kelle gebratenem Speck samt verkochten Pellkartoffeln servieren, wie das im berühmten Seebad Ahrenshoop in so gut wie jedem Lokal der Fall ist. In einem Ortenauer Dorf könnte damit kein einziges Restaurant auch nur zwei Wochen überleben. Dennoch oder gerade deshalb muß man darüber klagen, daß der gute Ruf der badischen Küche zum Selbstläufer geworden ist und viel zu viele Wirte glauben, damit sei schon die ganze Arbeit getan. Trotzdem erlebt man, zumindest was die Landgasthöfe anbelangt, in keiner anderen deutschen Gegend so häufig, wie großartig ein gewöhnliches Essen sein kann. Daß Frankreich in Sichtweite liegt, merkt man überall, aber das Schöne ist, daß es sich dabei zuerst einmal ums Elsaß und nicht die Haute Cuisine aus Paris handelt. Das heißt ganz schlicht: Es dreht sich nicht um Hummer und Seespinnenkreationen, sondern Gerichte, die man bodenständig nennen könnte, würden sie nicht so verfeinert und mit jenem gewissen Etwas zubereitet, das sich nicht aus Kochbüchern ablesen läßt.

Daß es auch ein paar andere gibt, die sich dem Ideal einer unendlich raffinierten Kochkunst verpflichtet fühlen, beweist der Sulzburger *Hirschen*, der mit seinen zwei Sternen seit langem deutschlandweit zu den ersten Adressen zählt. Ein Abstecher nach Sulzburg lohnt sich aber auch ohne eine Einkehr in dieser edel-rustikalen Stube, die ihre Herkunft vom Dorfwirtshaus weder verleugnen will noch verleugnen kann. Auch wer hier nicht essen geht, sondern nur im Städtchen herumspaziert, das eine Kirche aus der Zeit Ottos des Großen besitzt, kommt meist ein zweites Mal hierher. Am Mühlbach, der hinter der Hauptstraße unbegradigt durchs Dorf sprudelt und mit seinen angrenzenden Gärten wie ein Relikt aus vorvergangenen Jahrhunderten wirkt, steht eine Synagoge, deren bestirntes nachtblaues Himmelsgewölbe märchenhaft schön ist. Bis 1940 gab es hier noch eine jüdische Gemeinde, die im 19. Jahrhundert ein Drittel aller Sulzburger ausmachte, weshalb Sulzburg das Zentrum der Markgräfler Landjuden war, die von Getreide-, Wein-, Tabak- und Viehhandel lebten. 1808 ist hier Gustav Weil geboren, der nicht nur *Tausendundeinenacht* erstmals ins Deutsche übertragen hat, sondern auch der allererste jüdische Professor auf einem deutschen Lehrstuhl war.

Was den *Hirschen* angeht, der Kulinariker von überallher anlockt, so gehören dort Bresse-Hühner und Trüffel aus dem Périgord weit eher als Spargel mit Kratzete oder gekochte Ochsenbrust zum Repertoire. Entsprechend liest sich die Speisekarte: *Tranche vom wilden Steinbutt auf Kartoffelschuppen gebraten, Fenchelgemüse mit Orangen und Piment d'Espelette gewürzt* oder *Pochierter Donauwaller mit Gemüsebrunoise auf Graupenrisotto mit Bärlauchsauce* lauten die Gerichte, was zeigt, wie sehr man sich hier nach wie vor an der französischen Nobelküche orientiert, während andere Köche aus der Belle Etage inzwischen auf regionale Besonderheiten setzen. Was die begehrten Sterne anbelangt, gibt es im Badischen eh bemerkenswerte Entwicklungen. Als ich vor ein paar Jahren im Flieger von Manila nach Hongkong saß und die *South China Post* las, wurde sogar dort berichtet, daß der Freiburger Koch Matthias Dahlinger von der *Eichhalde* seinen Michelin-Stern freiwillig zurückgegeben hat. Bertram Blauel vom *Blauel's* im unweit entfernten Neuenburg hat es ihm nachgetan, schließlich wollten

beide nicht mehr alljährlich vor dem Verlust des gastrono-
mischen Adelstitels zittern müssen, zumal man, um ihn behalten zu können, im Keller ein immenses Weinangebot lagern und einen ästhetischen Tellerzauber mitmachen muß,
der es kaum erlaubt, schlichte Fleischstücke und Gemüse
ohne filigrane Dekorationskünste sorglos nebeneinander-
zulegen. Immerhin glaubte der Franzose Bernard Loiseau,
sich erschießen zu müssen, nachdem ihm die Tester vom
Gault Millau zwei von neunzehn Punkten weggenommen
hatten, obwohl er vom Michelin nach wie vor drei Sterne
zugesprochen bekam. Man darf zwar annehmen, daß er
im Leben noch ein paar andere Probleme hatte, doch der
Auslöser soll jene Punktrichterskala gewesen sein, auf der
er um ein Geringes degradiert worden ist, was er als maßlose Schande empfunden haben muß. Franz Keller junior
aus Oberbergen, der bei Bocuse gelernt und sich sowohl in
Köln als auch auf der Bühlerhöhe zwei Sterne erkocht hat,
zog sich schon vor längerer Zeit freiwillig aus dem Elite-
betrieb zurück. Er sitzt inzwischen in einer Pfälzer Dorf-
beiz, wo er nach wie vor nur das Beste auf den Tisch bringt,
bloß daß es aus Hühnern, Schweinen und Lämmern besteht, die bei ihm oder einem benachbarten Bauern im Hof
herumspringen und mit Gemüsen und Körnern gefüttert
werden, von denen er weiß, aus welchen Gärten und Feldern sie stammen.

Von Sulzburg ist es nicht weit nach Holzen, einem Dorf,
in dem fast jedes Haus ein Storchennest schmückt. Damit

die Tiere über Winter bleiben, werden sie in ihrem ersten Lebensjahr Ende des Sommers in den Stall gesperrt, wo sie wochenlang Unruhe umtreibt, nur daß sie dann im nächsten Jahr, wie mir ein Storchenbesitzer erklärt hat, keinerlei Drang in Richtung Süden mehr empfinden. In Holzen gibt es ebenfalls einen *Hirschen*, dessen auf Alemannisch geschriebene Speisekarte das Gegenteil seines Sulzburger Namensvetters bietet: *Linsesubbe mit Burewurscht; Schwardemage mit Brägel; Suure Läberli; Subbeflaisch mit Meerreddichbabbe, Breuselbeeri unn Brot* und *Zwibelewaie mit Moschd* sind dort die Klassiker. Nicht nur weil ein Porträt von Johann Peter Hebel an der Wand hängt, fühlt man sich in eine Welt zurückversetzt, in der noch fast alles aus Holz war. Ein knarrender Dielenboden, schmucklose Ahorntische mit Eckbänken und Gerüche, die Omas Küche wiederaufleben lassen, sorgen für eine Atmosphäre, die einen kaum glauben läßt, daß es überhaupt schon elektrisches Licht gibt. Derart vergangenheitsselig geht es sonst nur noch in der *Krone* in Mauchen zu, in der ebenfalls Hebel als altväterlicher Hausgeist herhalten muß, und zwar mit einem Speisenkartenfoto, auf dem ein Findling, der am Mauchener Dorfrand steht, mit dem eingravierten Spruch abgebildet ist: »Wie weit ist es nach Jerusalem? Siebenhundert Stunden, aber auf dem Fußweg über Mauchen ist es eine Viertelstunde näher.« Er stammt aus der Geschichte *Der schlaue Pilgrim*, die von einem Halunken handelt, der sich als Pilger ausgibt und mit seiner frommen Tour nur erreichen will, daß man ihm in den Wirtshäusern, die an der Straße liegen, ein feines Essen und einen guten Humpen Wein spendiert.

Auch das winzige Mauchen liegt südlich von Müllheim in einem zeitentrückten Abseits. Würde man um die alte, enge Garten- und Kachelofenwirtschaft herum die Autos und Straßenschilder entfernen und in der Stube mit Kerzen und Ölfunzeln Licht machen, könnte man dort ohne weiteres einen Film drehen, der vor zweihundert Jahren spielt. Schwarzbrot und Schwartenmagen dürften damals nicht viel anders geschmeckt haben, und der ausgeschenkte Ruländer wuchs auch schon anno dazumal gleich hinter dem Haus an jenen Rebhängen, die heute zum Weingut *Lämmlin-Schindler* gehören, das nicht nur mit seinen Weißen, wie sie im Markgräflerland überwiegen, sondern auch einigen Roten zu den bemerkenswerteren zählt. Vor der Reformation soll in Mauchen der Meßwein für Basel gekeltert worden sein, was wenig über seinen damaligen Geschmack aussagt, der sich mit dem heutigen vermutlich kaum vergleichen läßt. Daß sich Pfarrer in solchen Dingen nicht lumpen ließen, davon erzählt Adolf Schmitthenner, der selbst einer war, in seinem unvollendet gebliebenen, kurz vor seinem Tod im Jahre 1907 begonnenen *Tagebuch meines Großvaters*, den es wiederum als Pfarrer ins Wiesental verschlagen hatte.

»Obgleich der Pfarrer von Steinen und sein Brotherr, der Propst von Bürgeln, in aller Freundschaft und

Höflichkeit miteinander verkehrten«, heißt es da, »so wurde doch der Pfarrer genötigt, mit dem Kloster Sankt Blasien einen Prozeß zu führen. Die Schuld trug ein betrügerischer bläsischer Schaffner in einem auswärtigen Dorf. Das Kloster besaß nämlich in dem badischen Dorfe Weil, dem südlichsten der Weinorte, eine große Kelter für all seine Herbstbezüge in dasiger Gegend. An der Trotte zu Weil hatte nun der Pfarrer von Steinen seinen von Sankt Blasien zu liefernden Besoldungswein abzuholen. Dieser Wein war nun Jahr für Jahr von einer abscheulichen Güte, so daß er ungenießbar war. Es wird nämlich, so heißt es im Tagebuch, alles, was man unter den andern Weinen im Keller nicht haben und zum Kompetenzwein bestimmen will, in ein besonder Faß zusammengeschüttet. Dies Faß heißt das Kompetenzfaß. Die Fuhren der bezugsberechtigten Pfarrer werden auf einen und denselben Tag bestellt zum Wein abfassen. Noch ehe die Fuhren ankommen, und ehe das Faß angestochen wird, muß sich ein Trottknecht auf dasselbe stellen und den Wein mit aller Macht auf- und durcheinanderrühren, wodurch dann die Masse so dick und wüst wird, daß sie unmöglich verkostet und beurteilt werden kann, und daß also der Wein bloß blindlings und aufs Geratewohl hin muß angenommen werden.

Im ersten Jahr beschwerte sich der Pfarrer bei Sankt Blasien. Es wurde wohlwollende Erledigung zugesagt.

Als aber im nächsten Jahr der auf dieselbe Weise empfangene Wein sich gesetzt hatte und versuchbar geworden war, stellte es sich heraus, daß er noch scheußlicher war als im Jahr zuvor. Da rief der Pfarrer im hellen Zorn den Vogt. Eine Flasche wurde mit der Brühe gefüllt, mit dem Gemeindesiegel verschlossen und vom Pfarrer alsbald nach Lörrach auf die Landvogtei getragen. Dort öffnete ein vereidigter Küfermeister in Gegenwart des Hofrats Hugo die Flasche und prüfte den Inhalt. Er erklärte, das sei keine kaufmannsgute Ware und ungenießbar. Die Landvogtei führte nun die Beschwerde des Pfarrers. Sankt Blasien erwiderte, der Wein sei in Empfang genommen und eben dadurch als gültig anerkannt worden; man könne nicht wissen, was unterwegs oder im Keller des Pfarrers vorgegangen sei. Im folgenden Jahr erklärte der Pfarrer, er werde den Wein nicht eher abfassen, bis er in einem Zustande sei, da er gehörig geprüft und beurteilt werden könne. Jetzt beschwerte sich Sankt Blasien bei der markgräflichen Herrschaft über den Pfarrer von Steinen, der nicht zur zuständigen Zeit seinen Besoldungswein hole. So zog sich der Handel durch fünf Jahre. Beim Generallandesarchiv und im Archiv des Oberkirchenrats liegen dicke Aktenmassen über diesen Streit. Endlich wurde ein Vergleich getroffen. Sankt Blasien zahlte an den Pfarrer 60 Gulden als Entschädigung, und es wurde bestimmt, daß künftighin der Wein nicht mehr aus dem Keller, sondern gleich von der Trotte abgefaßt werden solle. Der Pfarrer war hiermit nicht zufrieden, aber sein Konsistorium wies ihn an, er habe sich jetzt zufrieden zu geben.«

Eine Trotte ist eine Kelter, also eine Weinpresse, und bei besagtem Pfarrer handelt es sich um Philipp Jakob Herbst, bei dem – wie bereits erwähnt – Johann Peter Hebel ein und aus gegangen ist. Daß nicht alles, was aus Baden kommt, Staunen erregen muß, kann man nicht nur beim Wein erleben. Während im Markgräflerland und um Freiburg herum sich gelegentlich eine Kluft zwischen gastronomischem Ruf und ernüchternder Realität auftut und mancher Wirt meint, für saure Leberle und trockene Brägele das gleiche verlangen zu können, was man anderswo für ein Filet hinlegt, erweist die Ortenau sich als das eigentliche kulinarische Paradies.

In Waldulm zum Beispiel, das zwischen Tannen- und Laubwäldern eingebettet liegt, trifft man auf das vielleicht schönste Gasthaus in ganz Baden. Daß die getäferte Stube des *Rebstocks* mit ihren niedrigen Holzdecken und Eckbankmöbeln nichts Enges und schwerfällig Folkloristisches besitzt, liegt nicht nur an ihrer Größe, sondern auch daran, daß zwischen einer forcierten und einer eleganten Gemütlichkeit eben ein himmelweiter Unterschied besteht. Daß der Koch bei Witzigmann gelernt hat, ist gar nicht der Rede wert, weil das hier unten viele von sich behaupten können.

Schon zweimal kupfert er nicht dessen Extravaganzen ab, sondern bietet neben gebratener Gänseleber, die man am besten mit einem Schluck Traminer im Mund zergehen läßt, so seltene Gerichte wie Gockelsülze und gefüllten Ochsenschwanz an. Was die Weinkarte anbelangt, so findet sich hier eh nur das Beste aus ganz Baden.

Daß es aber nicht die geringste Rolle spielt, wie ein Wirtshaus zur Straßenseite hin aussieht, erlebt man in Sasbachwalden, wo ausgerechnet im Restaurant *Fallert*, das zum klobigen Hotel *Talmühle* gehört, die Küche in keiner Hinsicht dem Busparkplatz entspricht. Bei allen anderen Überraschungen erlebt man hier auch, daß ein Schwarzwälder Koch in homöopathischen Dosen den grünen japanischen Wasabi-Meerrettich zu verwenden versteht, ohne an einem lächerlichen Crossover zu basteln. Das asiatisch angehauchte Rotbarbenfilet will nicht beweisen, daß es auch etwas Feineres als Kutteln in Riesling oder Kalbskopf mit warmem Kartoffelsalat gibt. Es fällt nur nicht hinter die anderen Feinheiten zurück. Sommers kann man draußen am wahrlich rauschenden Bach sitzen, was den Vorteil hat, daß einem beim Essen nicht die drinnen dudelnde Plastik-Klassik auf die Nerven gehen muß. Daß Sasbachwalden beim Wettbewerb *Unser Dorf soll schöner werden* Klassenbester werden wollte, sieht man an allen Ecken und Enden, sogar am Bushaltestellenhäuschen, das natürlich wie alles aus Fachwerk bestehen und so frisch verputzt aussehen muß, als weißle man jeden Morgen noch vor dem Frühstück

... und ein Metzger aus Endingen

die Häuser. Der Ort hat sich fürs Bilderbuch hergerichtet, mit überbordenden Geranienfenstern und verschnörkelten Wirtshausschildern, als kämpfe man mit einem leicht verbissenen Gemütlichkeitssinn gegen alles Unromantische an. Nur daß dieser Einheitlichkeits- und Ordnungsdrang für eine Schönheit sorgt, die reichlich aseptisch wirkt.

In der Ortenauer Hauptstadt Offenburg dagegen stehen nicht viele Wirtshäuser am Weg, deretwegen man eine längere Fahrt auf sich nehmen müßte. Doch darin unterscheidet Offenburg sich nicht von Freiburg, Heidelberg und Schwetzingen, deren Altstädte für alles andere als eine grandiose Küche bekannt sind. Der berühmte Offenburger *Salmen*, in dessen Festsaal die Badische Revolution ihren Anfang nahm und in dem der Mannheimer Jurist Gustav von Struve feierlich seinen Adelstitel abgelegt haben soll, ist inzwischen ein städtisches Kulturzentrum, weshalb einem fast nur noch die *Sonne* bleibt, die gleich neben der Polizei zu finden ist, deren Amtsstuben in einem graziösen Barockbau untergebracht sind. Dafür gibt es draußen vor der Stadt, im kleinen Rammersweier, wenige Meter abseits der Hauptstraße die *Blume*, deren Fachwerkfassade auf eine erdrückende Gemütlichkeit schließen läßt, was ein Blick in die Stube mit ihrem klobigen Deckengebälk auch noch bestätigt. Doch das, was auf den Tisch kommt, versöhnt einen sofort mit dem Drumherum. Daß das Elsaß bloß einen guten Fußmarsch entfernt anfängt, merkt man auch hier nicht nur beim Zander mit Sauerkraut, wobei die Weinkarte deutlich mehr anbietet, als es zwischen Colmar und Straßburg meist der Fall ist, was vor allem daran liegt, daß die Badener sich nicht in erster Linie auf den Riesling fixieren, sondern vor allem kraftvolle Burgunder ausbauen. Dabei bildet ausgerechnet das benachbarte Durbach selbst eine Art Grenze, was den rechtsrheinischen Rieslinganbau anbelangt. Südlich von hier, im Kaiserstuhl und Markgräflerland, können nämlich selbst die besten Winzer dem Boden keinen Riesling abgewinnen, der so fruchtig-mineralisch ist, wie man ihm erst ab hier und dann vor allem an der Mosel begegnet. Was in dieser Ecke aber ähnlich wie im Elsaß gedeiht, ist der süßlich-saftige, goldgelbe Traminer, der nicht ganz so klebrig wie der Gewürztraminer ist und zu nichts besser als einer Foie gras oder Nachspeisen paßt.

Auf dem kurvigen Weg von Offenburg über Durbach nach Oberried kommt man im Frühsommer an endlosen Kirschbaumwiesen vorbei, aus denen es dunkelrot herausleuchtet. Weil so viele Kirschen gar nicht gegessen werden können, gibt es, wie die Einheimischen behaupten, in dieser Gegend Hunderte von Brennereien. An einer unscheinbaren Abzweigung schlängelt sich ein Weg zum Staufenberg hoch, von wo aus man wie von kaum einem anderen Ort über die Ebene bis hinüber nach Straßburg blicken kann. Die Burg ist im Besitz des Markgrafen von Baden, dem auch das Schloß Salem am Bodensee gehört. Daß hier gleich mehrere Güter aristokratische Namen tragen und ein paar von ihnen sogar zu den nennenswerten gehören, belegt etwa der Chardonnay des in Offenburg ansässigen Weinguts des Freiherrn von und zu Franckenstein, wogegen dasjenige des Freiherrn von Gleichenstein zu den ersten Adressen im Kaiserstuhl gehört, wobei dessen Vorfahre jener Baron Ignaz von Gleichenstein ist, dem Beethoven die grazilste seiner fünf Sonaten für Cello und Klavier, diejenige in A-Dur, gewidmet hat. Der Reichsgraf und Marquis zu Hoensbroech aus dem Kraichgau wiederum sorgt mit seinem Auxerrois dafür, daß man nicht gleich zu einem vollmundigen Weißburgunder greifen muß, wenn man einmal keine aufdringliche Rieslingfrucht in der Nase haben will. Mitten in Durbach steht auch das stattliche Anwesen des Gräflich Wolff Metternich'schen Weinguts, das jedoch, anders als das außerhalb von Durbach gelegene Wein-Schlößchen des Freiherrn von Neveu, nicht mehr in adligem Besitz ist.

Doch die wirklich hervorragenden Weine kommen in Durbach von Andreas Laible und den beiden Winzern Heinrich und Andreas Männle, aber auch vom Weingut Schwörer, das weniger für seine Burgunder als seinen Traminer, der hier Clevner heißt, berühmt ist. Bei Laible dagegen ist jede Sorte ein Ereignis, egal ob es sich um seine dichten Rieslinge, gerbstoffigen Chardonnays und Spätburgunder oder honigfarbene Scheurebe handelt. Überhaupt erstrekken sich um Durbach herum die großartigsten Weinberge ganz Deutschlands. Während die lieblichen Hänge des Markgräflerlands, die sich zwischen dem Freiburger Vorort Sankt Georgen und dem Rheinknie bei Basel hinziehen, für den Süffelwein namens Gutedel bekannt sind, der ausschließlich hier wächst, und während der Kaiserstuhl eine eigene Welt für sich bildet, die in ihrer vulkanischen Mächtigkeit etwas in sich Abgeschlossenes besitzt, trifft man in der Ortenau zwischen Offenburg und Oberkirch nicht nur auf erstaunlich steile Weinberge, sondern auch auf unterschiedlichst geschwungene und gewellte Schwarzwaldvorberge, die aus Laubbauminseln, Gärten, Rebenterrassen und Wiesen bestehen. All das fließt ineinander über und bietet dem Blick eine seltene Vielfalt, zumal sich zum Westen hin auch noch das Rheintal öffnet. Sitzt man oben im Garten des Restaurants *Haus am Berg*, das hinter Oberkirch am Hang liegt, kann man selbst an dunstigen Abenden den Turm des Straßburger Münsters erkennen. Daß man hier ebenfalls bestens ißt, macht den Weg gleich zweimal lohnenswert.

Im übrigen heißt der Riesling hier Klingelberger, weil das der Name des obersten Teils jenes Berges ist, auf dem das Schloß Staufenberg steht. Da dessen trockene Verwitterungsböden die Wurzeln tief in die Erde hinab wachsen lassen, wo sie die Mineralien aussaugen, gedeihen hier immer schon die besseren Rieslingsgewächse, was dazu geführt hat, daß aus dem Holz der Klingelberger Stöcke auch anderswo Wein angepflanzt wurde. Ähnlich verhält es sich mit dem Malterdinger, der aus dem gleichnamigen Ort nördlich von Freiburg kommt. Zisterziensermönche haben auf dem dortigen Bienenberg erstmals jenen Pinot Noir angepflanzt, den sie aus dem Burgund mitgebracht hatten und der hier längst unter dem Namen Spätburgunder läuft. Ihr Klosterhof soll an der gleichen Stelle gewesen sein, an dem heute draußen vor dem Dorf eines der besten badischen Weingüter steht. Es gehört Bernhard Huber, der Ende der achtziger Jahre aus der Winzergenossenschaft ausgetreten ist, um es jenen burgundischen Winzern nachzutun, die oft nur ein kleines Terroir besitzen, aber auf dieser Fläche einen Wein anbauen, auf dessen Etikett nicht solche Traubensorten wie Pinot Noir oder Chardonnay, sondern die Namen des Propriétaires und der Lage prangen. Inzwischen gehen immer mehr Winzer diesen Weg, was zeigt, daß das Bedürfnis um sich greift, Weine zu erzeugen, die keine Massenware sind oder auch nur ein bißchen ambitioniert über dem Durchschnitt liegen. Seit ein paar Jahren ziehen auch manche Winzergenossenschaften nach und bieten Gewächse an, die alles andere als Ladenkettenware sind.

Kürzlich saß ich im Speisewagen mit einem illustren Freiburger Gesellschaftstheoretiker bei einem Käseteller und zwei, drei Gläsern Rotem. Beim bloßen Erwähnen des Wortes Spätburgunder verzog er, wie ich das von vielen Leuten kenne, nur das Gesicht. Natürlich habe auch ich entscheidende Jahre mit Chianti, billigem Bordeaux und rustikalem Côtes du Rhône zugebracht und dabei ein Toskana- und Provence-Gefühl kultiviert, mit dem man sich von allem befreit vorkommen konnte, was man an Deutschland nicht mag, wozu natürlich in erster Linie die Deutschen, aber eben auch der deutsche Wein gehören. Und deshalb habe ich genauso abgewunken, wenn man mir einen Spätburgunder einschenken wollte, zumal einem nicht nur in Österreich, sondern auch hierzulande der Glykol-Skandal mehr als recht gegeben hat. Doch das ist eine Weile her, und durch ein paar glückliche Zufälle habe ich mitbekommen, daß es bei uns Weine gibt, die auch Franzosen für keine deutschen halten würden. Also fing ich an, meinem Gegenüber ein Dutzend hiesiger Winzer aufzuzählen, die es lohnen, wenigstens ein einziges Mal einen badischen Pinot Noir zu probieren. Doch er schüttelte weiterhin angeekelt den Kopf, als sei jemandem, der auf einen solchen Seich abfährt, nicht mehr zu helfen. Und deshalb kam ich mir bald wie ein Banause vor, der nur deshalb diese deutsche Brühe verteidigen kann, weil er selbst nicht das geringste von Wein versteht. Er empfahl mir die Weinecke eines Freiburger Bioladens, dessen Vier-Euro-neunzig-Flaschen ich durchaus kenne. Obwohl er von einem Johner und Huber, Keller und Bercher, Duijn und Wassmer, Dörflinger und Heger, Männle und Laible noch nie etwas gehört hatte, wußte er, daß das alles nichts sein kann.

Dabei kann ein Burgunder wie kein anderer Wein unendliche Geschmackswogen entfalten, was sich aber nur erahnen läßt, wenn man ihn aus bauchigen Gläsern schlürft, in denen er durch vorheriges Schwenken Luft aufnehmen muß. Wer auskundschaften will, was in ihm steckt, muß ihn fast tröpfchenweise einsaugen und dabei vor allem laut Luft einziehen, bevor er zu schmatzen und schlotzen anfängt. Mit falscher Höflichkeit – das heißt mit geschlossenem Mund – kriegt man überhaupt nichts von seinen Aromen mit, da in diesem Fall das richtige Trinken mehr mit Inhalieren als Schlucken zu tun hat. Wozu natürlich kommt, daß man für einen guten Spätburgunder dreimal so viel wie für eine Öko- oder Supermarktflasche hinlegen muß, vorausgesetzt, man will nur mit dem Schlichtesten der Schlichten anfangen. Wer sich zeitlebens mit Literflaschen begnügt, die beim Edeka zu haben sind, wird nie erfahren, daß zwischen einem Spätburgunder und einem Spätburgunder Welten liegen können.

Bei Bernhard Huber aus Malterdingen hat im übrigen ein Holländer namens Jacob Duijn, der inzwischen zu den bekanntesten Winzern gehört, das Handwerk gelernt. Schon vorher war ihm als Sommelier und Weinhändler nicht unbekannt, was es damit auf sich hat, nur daß er eines Tages vom Kredenzen und Beraten zum Erzeugen übergehen wollte. Als Franz Keller junior noch auf der Bühlerhöhe am Herd stand, war er bei ihm Oberkellner, bevor er sich in Kappelwindeck, das hinter Bühl in den Weinbergen liegt, Rebhänge erstanden hat. Nicht nur weil er als erstes die Weißweinstöcke herausgerissen und ausschließlich Spätburgunder angepflanzt hat, hieß es im Dorf: »Der spinnt!« Natürlich kam es nicht überall gut an, daß da ein Holländer hereingeschneit kommt und meint, den Alteingesessenen zeigen zu müssen, wie wenig sie bisher die Möglichkeiten, aus ihren Weinbergen das Beste herauszuholen, ausgeschöpft haben. Dafür braucht es allerdings zuerst einmal gar keiner besonderen Kniffe, sondern vor allem den Mut, bis zur Hälfte aller Trauben während des Wachstums wegzuschneiden, um den Geschmack derjenigen, die hängen bleiben, zu verdichten. Und es gehört deutlich mehr Arbeit dazu, als sie für Winzer eh schon üblich ist. Anders als die meisten geht Duijn im Winter und nicht erst im angenehmeren Frühling in die Reben, um sie organisch zu düngen, weil sich nur dann die Wurzeln richtig in den Boden bohren und dadurch die tiefliegenden Mineralien anzapfen können. Daß sich die Mühe lohnt, hat er schon nach wenigen Jahren erfahren. Seine Spätburgunder, die er als Pinots Noirs ausweist, um die Nähe zu ihren französischen Vorbildern herauszustreichen, gehören zu den elegantesten überhaupt. Sie leuchten rubinrot und besitzen nichts von jener Schwere, die einen bei anderen Roten schnell absacken läßt. Wenn Duijn nichts im Weinberg zu tun hat, ist er unterwegs, wie zum Beispiel in New York und Buenos Aires, wo in den besseren Häusern seine Weine, die naturgemäß nicht zu den billigsten gehören, auf der Karte zu finden sind. Seine Freundin, die zwar im benachbarten Achern geboren ist, aber wie eine Italienerin aussieht, hat ihn gedrängt, auch Weißen anzubauen. Er selbst könnte darauf verzichten, doch in ihren Augen kann man nicht in der Ortenau Winzer sein, ohne ein Faß Riesling im Keller stehen zu haben. Und deshalb gibt es jetzt zwar noch nicht im öffentlichen Verkauf, aber in einigen wenigen Restaurants auch einen Weißburgunder, Chardonnay und Riesling von ihm zu probieren.

Eines dieser Lokale ist das *Bergfriedel* im Bühlertal, das reichlich versteckt in einer Kurve an einer sich nach oben windenden engen Straße mitten im Neubaugebiet liegt und von außen eher wie ein Einfamilienhaus wirkt. Entsprechend stehen drinnen die Tische fast allzu nah beieinander, als müßte man den wenigen Raum bis aufs letzte ausnutzen. Doch dieses Gedrängte vergißt man bei einem Essen, das wie sonst wohl nirgends die badische mit einer äußerst ausgefeilten, durch und durch französisch orientierten Küche verbindet. Daß es hier Froschschenkel gibt, was diesseits des Rheins nicht allzu häufig der Fall ist, darf eher als Kuriosität gelten. Den mit Gänseleber gefüllten Ochsenschwanz jedoch vergißt man auch nach Jahren noch nicht, genausowenig die geschmorten Rindsbäckle, die Kutteln in Essigsoße und den Salat mit Kalbsbries. Wer es ausgefallener mag, hat die Qual der Wahl zwischen einem Gänselebersäckle mit Pfifferlingen, Jakobsmuscheln auf Curry-Zitronengrasschaum, gebratener Wachtel und mariniertem Thunfisch. Neben Bercher, Huber, Salwey und Laible sind natürlich alle Winzer vertreten, die Rang und Namen haben, was bei einer Weinkarte mit vierhundert Gewächsen nicht erstaunen muß.

Unweit von hier, auf dem Weg zum Schloßhotel Bühlerhöhe, schaut man vom Wiedenfels aus, hinter dem ein Wasserfall liegt, aufs Paradies hinab. Wer von dort oben aufs Rheintal, das Elsaß und die Vogesen blickt, weiß, daß es hier sein muß. Man kann diesen Anblick beim besten Willen nicht beschreiben. Er macht einen sprachlos. Aber auch wenn man von Kiechlinsbergen aus, in dessen Schloß der Dichter Karl Wolfskehl vor seiner Emigration gelebt hat, sich durch helle Laubwälder die Höhen des Kaiserstuhls hinaufschlängelt, öffnet sich auf dem Kamm plötzlich die Welt, und das ganze vulkanische Massiv aus endlosen Weinbergterassen der berühmten Lage mit Namen *Baßgeige* liegt vor einem. Daß hier Feigen wachsen, ist kein Wunder, schließlich können die Kaiserstühler sich rühmen, am wärmsten Ort Deutschlands zu leben. Mitten in diesem riesigen bergigen Garten schauen neben einem Kirchturm rote Dächer heraus, zu denen auch dasjenige des *Schwarzen Adlers* gehört, der Ende der sechziger Jahre als erstes deutsches Restaurant einen Stern bekommen hat. Berühmt geworden ist er aber auch wegen seines Patrons Franz Keller, der 2007 gestorben ist und wie kein anderer gegen Massenwein- und EU-Politik gekämpft hat. Nachdem Anfang der neunziger Jahre durch etwelche Verordnungen der schlichte Weißwein namens Elbling nur noch an der oberen Mosel im luxemburgischen Grenzgebiet angebaut werden durfte, hat er aus Protest ein paar tausend Liter in seinem Keller gelagert. Ebenso hat er schon Chardonnay erzeugt, als das hier noch nicht erlaubt war, nur daß er ihn offiziell als Weißburgunder ausgeben mußte. Genauso hat er mit dem Fernseh-idol Horst Stern zusammen, der für seine Tiersendungen berühmt war, die Normierungskatastrophe namens Flurbe-reinigung zu verhindern versucht. »Widerständig war man hier schon immer«, meint sein Sohn Fritz Keller und ver-weist darauf, daß seine Großmutter 1939 im Gefängnis saß, weil sie nicht bereit war, im *Adler* den jüdischen Stamm-tisch aufzulösen. Fritz Keller hat längst das Erbe angetre-ten und ist erst kürzlich zum Winzer des Jahres gekürt wor-den. Wenn er von den Weinbauern im Burgund sagt: »Mit ihrer Ruhe, Gelassenheit, Sturheit, ja Arroganz lassen die sich auf ihrem Weg nicht beirren«, dann redet er natürlich auch über sich selbst. Und damit versinnbildlicht er jene Mischung aus Gemütlichkeit, Genußlust und Zähigkeit, die für die Hiesigen nicht untypisch ist.

Sein Bruder Franz wiederum ist selbiger Sternekoch, der sich aus freien Stücken auf eine Dorfwirtschaft in Hatten-heim südlich von Mainz zurückgezogen hat, wo er nicht mehr für Gourmettester am Herd steht, sondern bloß noch das brutzelt und brät, was ihm ohne Rücksicht auf kuli-narische Moden in den Sinn paßt. Während Franz bei den burgundischen Sterneköchen gelernt hat, ist Fritz ins Bor-delais gegangen, um sich zum Winzer ausbilden zu lassen. Für seine Küche ist der *Schwarze Adler* zwar auch berühmt, doch einen legendären Ruf besitzt der dazugehörige Wein-keller, der zu den größten in ganz Europa gehört. Zweitau-send Gewächse, die vor allem aus dem Burgund und dem

Bordelais kommen, lagern dort in drei Schächten, die in den Weinberg geschlagen wurden und zum Staunenswertesten gehören, was man in dieser Hinsicht erleben kann. Tausende von Holzkisten sind in diesen Gewölben übereinandergestapelt, in die Namen eingebrannt sind, bei denen einen geradezu Ehrfurcht überkommt. Daß vor dem *Schwarzen Adler* jahraus, jahrein Autos mit französischen Kennzeichen stehen, liegt nicht nur daran, daß in der Küche auch Elsässer arbeiten, sondern zahlreiche Franzosen zum Essen herüberkommen und manche von ihnen sogar ihren Wein hier lagern. Schließlich herrschen in diesen Schächten konstante zwölf Grad, egal ob es draußen schneit oder wochenlang die Sonne aufs Land herabbrennt, was ideale Bedingungen sind.

Zum *Adler* gehört auch die gegenüberliegende Dorfwirtschaft *Rebstock*, in der es Gerichte gibt, die Fritz Keller aus Mutters Küche kennt: eingemachtes Kalbsfleisch mit selbstgemachten Nudeln, Schweinsfüße in Rotwein und Mistkratzerle, wie hier und in der Schweiz die kleinen Hennen genannt werden. Solange es nicht kalt ist, kann man selbst bei Regen in der Scheune unter rissigem Gebälk sitzen, in dem Schwalben Nester bauen. Daß die Wirtin Elsässerin ist, merkt man, wie schon erwähnt, nicht nur an den sautierten Nieren, die im *Rebstock* genauso einmalig wie das Wiener Schnitzel schmecken und zu Preisen angeboten werden, für die man in Freiburg nebenan gerade mal verkochte Spaghetti bolognese bekommt. Und weil Fritz Keller der Meinung ist, daß unser Spargel inzwischen bloß noch wäßrig schmeckt, baut die Mutter selbiger Wirtin ihn wieder wie früher ohne Folie an, so daß er an der Spitze grün bleibt und feine Bitterstoffe entwickeln kann. Zu verkosten gibt es einen solchen bislang nur in Oberbergen. Ein indischer Maharadscha, der kürzlich ein paar Tage im *Schwarzen Adler* verbracht hat, saß vom zweiten Abend an nur noch unter den Bauern im *Rebstock* und ließ sich von ihnen Skat beibringen. Wenn hier etwas mondän wirkt, dann sind es die im Hof parkenden Autos. Ansonsten ist man weitab vom Schuß, aber auf eine Art, wie man es sich nur wünschen kann.

Nicht fern von hier, am nördlichen Ausläufer des Kaiserstuhls, wiederum gibt es einen Metzger, von dem behauptet wird, er sei der beste in ganz Deutschland. Natürlich sind solche Dinge leicht dahingesagt, zumal man sie schlecht überprüfen kann. Daß Markus Dirr aber in Italien gelernt hat, wie man luftgetrockneten Fenchelschinken und im Naturdarm geräucherte Wildschweinsalami zu etwas Unverwechselbarem macht, ist inzwischen weit über Badens Grenzen hinaus bekannt. Bestellt man bei ihm ein Lammcarrée und schiebt eine Woche später eines von einem anderen Metzger in die Röhre, ist die Wahrscheinlichkeit groß, daß die beiden so unterschiedlich wie Schulter und Filet schmecken, obwohl man sie auf gleiche Weise zubereitet hat. Wer wissen will, woran das liegt, bekommt zur Antwort: »Ich weiß genau, woher jedes Tier kommt, und probiere mit den Bauern aus, wie das Fleisch ganz verschiedene Geschmäcker bekommt, wenn man die Tiere mal mehr mit Äpfeln, mal mehr mit Rüben, mal mehr mit Kartoffeln und unterschiedlichen Körnermischungen füttert.« Dazu gehört auch, daß Metzger Dirr jedes Tier noch schlachtwarm verarbeitet, wobei er alles, von Kopf bis Fuß, verwertet, während andere Metzger oft bloß noch Tierteile einkaufen und das Fleisch bei weitem nicht so lange abhängen lassen, weil sich das fürs Geschäft nicht rentiert. »Gute Koteletts«, erklärt er, »müssen so grau aussehen, daß die Leute denken, sie seien längst hinüber, weshalb sie in einem Spitzenrestaurant gar nicht sehen dürften, in welchem Zustand die sich vor dem Braten befinden.« Und wie dreht Dirr sie am Ladentisch seinen Kunden an, ohne in entsetzte Gesichter blicken zu müssen? »Ich schneide vorher auf jeder Seite eine dicke Scheibe ab, was das Fleisch natürlich nicht billiger macht, aber dann sieht man nicht, wie es eben noch ausgesehen hat.« Daß es unvergleichlich besser schmeckt, merken die Leute dann von selber.

Nicht zufällig hat Dirr lange experimentiert, bevor er sich nach vielen Jahren, in denen er als Koch durch die Welt gezogen ist, entschlossen hat, die längst geschlossene Metzgerei des Vaters neu zu eröffnen. Seine hauptsächliche Kundschaft findet er allerdings nicht in dem alten, durch habsburgisches Barock geprägten Endingen, das zu den anmutigsten Städtchen rundum gehört, sondern auf dem Freiburger Wiehremarkt, wo er zweimal in der Woche seinen

Wagen aufstellt. Weil dort die Schlangen immer länger werden, lohnt es sich inzwischen fast schon wieder, ins Auto Richtung Kaiserstuhl zu steigen, auch wenn das Hin und Her eine gute Stunde ausmacht. Natürlich hat er längst genügend Angebote, im Fernsehen aufzutreten, wie man das von entsprechenden Fernsehköchen, die Vincent Klink oder Alfons Schuhbeck heißen, ja kennt. Ein paarmal war er im ARD-Mittagsbüffet zu sehen, aber weil ihn das jedesmal einen ganzen Tag kostet, kann er sich solche Abstecher kaum leisten. Immerhin absolviert er auch ohne Extravaganzen schon eine Hundertstundenwoche, bei der ihm die entscheidende Arbeit keiner abnehmen kann. Dabei hat er bis vor sieben, acht Jahren keinen Augenblick daran gedacht, die exquisiten Küchen gegen ein Fleischergeschäft einzutauschen. Schließlich hat er im zweisternigen Kölner *Franz Keller's Restaurant* gelernt, bevor er zu Witzigmann nach München gewechselt ist und danach im Schweizer Sankt Moritz, im toskanischen Chianciano, aber auch auf den Bermudas und in New York am Herd gestanden ist. Was gutes Essen bedeutet, hat er nicht nur bei Mutter daheim mitbekommen. Denn selbst in Zeiten, als es der Familie wirtschaftlich nicht sonderlich gut ging, sind die Eltern mit den Kindern wenigstens einmal im Monat in eines der besten Restaurants gegangen, damit die Kleinen von Anfang an mitbekommen, was Genießen bedeutet und wo die Maßstäbe liegen. Eines der Ausflugsziele war der *Schwarze Adler*, den er heute beliefert.

5.

Volksdichter
und Seinsdenker

Im Schwäbischen kennt jedes Kind den Spruch: »Dr
Schiller und dr Hegel, die sind bei uns die Regel, dr Uh-
land und dr Hauff, die fallet gar it auf.« Von Hölderlin,
Schelling, Mörike und Kerner ist dabei noch nicht einmal
die Rede. Wenn man mit diesem Gepäck in der Tasche in
Richtung Baden blickt, sieht es dort weit weniger üppig aus.
Natürlich kommt einem sofort Johann Peter Hebel in den
Sinn, der hierzulande ganz fraglos – und fast möchte man
sagen: ohne jeden Tadel – die Dichterliste anführt. Fällt sein
Name, wird meist auch gleich betont, daß Goethe, Kafka,
Brecht, Benjamin und Bloch ihn verehrt haben, als müßte
man von vornherein den Verdacht abwehren, er könnte
doch bloß ein Regionalpoet gewesen sein. Auf Hebel folgen
allerdings sofort Victor von Scheffel und Heinrich Hansjakob, die mit ihren Büchern zwar bestens verdient haben,
aber außerhalb Badens inzwischen so gut wie vergessen
sind, sieht man einmal davon ab, daß Scheffels *Ekkehard*
gelegentlich noch aufgelegt wird und darum nicht nur unter

einsturzgefährdeten Antiquariatsstapeln zu finden ist. Wer hier unten am Rhein entlang und im Schwarzwald bedeutende Dichternamen vermißt, könnte natürlich auf Heidelberg verweisen, wo sich eine Zeitlang lauter berühmte Romantiker getummelt haben. Doch einen Brentano, Achim von Arnim oder Eichendorff als badische Dichter zu bezeichnen, wäre schlichtweg absurd.

Auch wenn solche regionalistischen Zuordnungen lediglich einem Baedeker-Bedürfnis entsprechen und reichlich wenig über den Wert einer Dichtung aussagen, fällt dennoch auf, wie komplett unterschiedlich sie zwischen Baden und Schwaben ausfällt. So pflegt Johann Peter Hebel in seinen Geschichten einen gemütlichen Anekdotenton, der dem geneigten Leser das Gefühl gibt, daß es mit der Welt, so wie sie eingerichtet ist, durchaus seine Richtigkeit hat. Jenes Abgründige liegt ihm fern, das auf die eine und andere Weise das Denken und Dichten eines Hölderlin, Schelling und Schiller, aber auch dasjenige von Mörike prägt, der unsinnigerweise dem Biedermeier zugerechnet wird, obwohl sein Roman *Malter Nolten* an Düsternis kaum zu überbieten ist. So entschieden die Badener sein können, wenn es um revolutionäre Aufwallungen geht, so beschaulich und bodenständig muten die Geschichten und Gedichte ihrer Dichter an.

Allenfalls der mit Heine, Börne und Freiligrath zum sogenannten Vormärz zählende Georg Herwegh, ein Mitkämpfer von Hecker und Struve, bildet insofern eine Ausnahme, als ihm in keiner Weise ein Mangel an kämpferischem Vokabular nachgesagt werden kann. Mit seinen 1841 erschienenen *Gedichten eines Lebendigen*, deren Titel die *Briefe eines Verstorbenen* des Grafen von Pückler-Muskau konterkariert, reist er als gefeierter Revolutionstroubadour durch ganz Deutschland und wird an manchen Orten sogar mit Fackelzügen empfangen. Was kein Wunder ist, zumal er mit seinen marschmäßigen Staccato-Versen unentwegt die Freiheit, das Vaterland und den Widerstand hochleben läßt. »Alle Räder stehen still, / Wenn dein starker Arm es will!« gehört noch heute zur verbalen Basisausrüstung streikender Genossen, und auch die Verse »Wir haben lang genug geliebt / Und wollen endlich hassen« haben auf den Folk-Festivals unserer jüngst vergangenen siebziger Jahre zwischen meist friedensseligeren Liedern einen kleinen subversiven Zorn aus uns herausgekitzelt.

Als sein Freischärlertrupp in Dossenbach bei Schopfheim besiegt wird, flüchtet Herwegh nach Paris, wo er schon zuvor Artikel für die von Marx herausgegebene *Rheinische Zeitung* beigesteuert hat. An seine Frau Emma schreibt er damals, jetzt bleibe den Poeten nur noch die Rolle des Unglückspropheten, womit er ein ebenso schlichtes wie wirkmächtiges Programm formuliert, dem sich bis heute so manche politischen Apokalyptiker unter den Schriftstellern verpflichtet fühlen, bei denen man sich kaum des Eindrucks erwehren kann, daß ihnen nichts lieber wäre, als mit ihren Untergangsvisionen recht zu behalten. Herweghs ein bißchen inhaltsleerer Ruf nach dem Volk und der Freiheit hindert ihn nicht, allerlei Verhältnisse mit Gräfinnen – wie etwa Liszts ehemaliger Geliebter Marie d'Agoult – anzufangen, was die Ehe mit Emma nicht einfacher macht, nur daß er auf ihr Vermögen dringend angewiesen ist, das jedoch just in dem Augenblick zur Neige geht, da die beiden beschließen, nach Baden-Baden zu ziehen. Der zweite Band seiner *Gedichte eines Lebendigen* läuft weit schlechter als der erste, und weil man bei Marx' *Rheinischer Zeitung* auch so gut wie nichts verdient, bändelt er mit Richard Wagner an, der als Revolutionsfreund ebenfalls ins Ausland fliehen mußte, allerdings im Unterschied zu Herwegh bald das Glück haben sollte, einen Märchenkönig als Mäzen zu gewinnen. Doch bevor es so weit ist, trinken Georg und Richard auf der Rütli-Schwur-Wiese über dem Vierwaldstättersee Bruderschaft und spinnen an gemeinsamen Opernplänen herum, woraus aber nichts wird, was unter anderem daran liegt, daß Wagner sich nach einer Weile wieder von Herwegh abkehrt, da ihm dessen französisch durchsetztes Parlieren allmählich auf die Nerven geht und er den Eindruck gewinnt, Herwegh habe sich nur so lange in seine Gedankenwelt hineinversenkt, wie es ihm um einer zielstrebigen Freundschaftsanbahnung willen erforderlich erschienen ist. Während Wagner mit immer weiteren Werken ein wahres Opernimperium zu errichten beginnt, muß Herwegh damit leben, daß seine ruhmreiche Zeit als Revolutionsdichter mit jedem Tag weiter zurückliegt.

Seit das Ehepaar Herwegh in Baden-Baden lebt, pflegt es Bekanntschaft mit Clara Schumann, die ebenfalls dort wohnt, während zu so berühmten Russen wie Dostojewskij, der in der Spielbank seine letzten Rubel verspielt, kaum Kontakt entsteht. Weil Herweghs einst üppiger Lebenswandel sich zunehmends in sein Gegenteil verkehrt, muß nicht nur die Bibliothek versteigert werden. Emma sieht sich sogar genötigt, an den Präsidenten der Schillergesellschaft einen Brief zu schreiben, in dem sie angesichts der Verdienste ihres Mannes darum bittet, ihm eine Pension auf Lebenszeit zu gewähren, was jedoch mit der Übersendung eines einmaligen Almosens abgelehnt wird. Da Deutschland den 1870/71er Krieg gegen Frankreich gewonnen hat, beginnen zur gleichen Zeit der Glanz und Glamour in Baden-Baden für eine Weile zu schwinden, weil selbst so langjährige ausländische Gäste wie Turgenjew die Stadt verlassen und das Casino geschlossen wird. Und so stirbt Georg Herwegh 1875 mit achtundfünfzig Jahren an einer Lungenentzündung im berühmtesten Bäderort des 19. Jahrhunderts und zugleich im Abseits. Obwohl ihn seine Rolle in der 48er Revolution gleichsam zum Badener gemacht hat, ist er, was seine Herkunft und seinen Bildungsweg anbelangt, durch und durch württembergisch geprägt. In Stuttgart geboren, hat er die Klosterschule Maulbronn besucht und war als Student im Tübinger Stift, wodurch seine frühen Jahre ganz denen von Hegel, Hölderlin, Schelling, Mörike, Waiblinger und Gustav Schwab ähneln. Ihn mit diesen Namen in Verbindung zu bringen, käme aber niemandem in den Sinn, zuallerletzt in Schwaben, wo er nicht einmal als Landsmann in Ehren gehalten wird. Heine hat ihn als »eiserne Lerche« charakterisiert, was zweierlei in den Blick rückt: sein Durchhaltevermögen und das Blecherne seiner Gesänge.

Daß zur gleichen Zeit der Karlsruher Schriftsteller Victor von Scheffel über Jahre hinweg die Verkaufslisten anführt, kann man insofern begreifen, als jenes Volk, das von Herwegh ständig besungen wird, lieber prallvolle Liebes- und Rittergeschichten aus dem Mittelalter als auftrumpfende Verse lesen will, die aus dem immergleichen Ruf nach einer nicht nähers präzisierten Freiheit bestehen. Scheffels Hauptwerk, der historische Roman *Ekkehard*, setzt mit den Sätzen ein: »Es war vor beinahe tausend Jahren. Die Welt wußte weder von Schießpulver noch von Buchdruckerkunst. Über dem Hegau lag ein trüber bleischwerer Himmel, doch war von der Finsternis, die bekanntlich über dem ganzen Mittelalter lastete, im Einzelnen nichts wahrzunehmen. Vom Bodensee her wogten die Nebel übers Ries und verdeckten Land und Leute. Auch der Turm vom jungen Gotteshaus Radolfszell war eingehüllt, aber das Frühglöcklein war lustig durch Dunst und Dampf erklungen, wie das Wort eines verständigen Mannes durch verfinsternden Nebel der Toren. Es ist ein schönes Stück deutscher Erde, was dort zwischen Schwarzwald und schwäbischem Meer sich auftut.«

Warum seine Werke damals so viel gelesen wurden und

heute kaum noch, läßt sich an diesem Auftakt leicht erkennen. Eine Sprache, die mit derartigen Landschaftsbildern in ein märchenhaftes Mittelalter hineinführt, klingt in heutigen Ohren verschmockt. Hinzu kommt, daß inzwischen kaum noch jemanden die Geschichte eines Mönchs aufzurütteln vermag, den die Liebe ins weltliche Leben zurückkatapultiert und dadurch zum Dichter macht, obwohl im Fernsehen gerade solche Geschichten große Gefühle hervorrufen, vorausgesetzt sie spielen in heutigen Kulissen. Trotzdem machen diese wenigen Sätze gleich deutlich, daß Scheffel auch ein Ironiker ist und den Leser sofort in eine Welt hineinzuziehen versteht. Immerhin gehört sein *Ekkehard* zu jenen ersten deutschsprachigen historischen Romanen, für die Walter Scott, Manzoni und Victor Hugo Vorbilder geschaffen haben. Daß solche Werke in Zeiten der Nationalstaatenbildung entstehen, ist kein Wunder, zumal in ihnen vorgeführt wird, aus welch großer Geschichte wir alle herkommen.

Daß der *Ekkehard* fast nicht mehr gelesen wird, liegt nicht nur an seiner Sprache, sondern auch daran, daß Scheffel es nicht lassen kann, gleichsam nebenbei und doch reichlich penetrant seine Lebensweisheiten und Meinungen einzuflechten, und sei es nur, daß er gelegentlich bemerken muß, wie gern das Weibervolk schnattert und sich zu allem, was glitzert, hingezogen fühlt. Trotzdem gibt es immer wieder Passagen, die einen verstehen lassen, warum er einmal in einem Atemzug mit Gottfried Keller und Conrad Ferdinand

Meyer genannt worden ist. Und wie bereits weiter oben erwähnt, gehört das Kapitel *Aus dem Hauensteiner Schwarzwald* aus seinen *Reisebildern* zum besten, was damals an solchen Zeitschriftenbeiträgen, die man heutzutage der Gattung literarischer Reportagen zurechnen würde, veröffentlicht worden ist. Daß dagegen Scheffels Gedichte in keinen Schulbüchern und Anthologien überlebt haben, versteht sofort, wer seine studentischen Saufgesänge aufschlägt, die unter dem burschenschaftlichen Trinklied-Titel *Gaudeamus* erschienen sind. Dort findet sich auch sein Teutoburger-Schlacht-Gesang *Als die Römer frech geword*en und jenes bis heute nicht ganz vergessene *Hildebrandlied*, dessen erste Strophe lautet: »Hildebrand und sein Sohn Hadubrand, Hadubrand, / Ritten selbander in Wut entbrannt, Wut entbrannt, / Gegen die Seestadt Venedig«, worauf noch drei weitere Strophen folgen, die mit dem Ergebnis enden, daß die beiden vollbesoffen auf allen vieren unverrichteter Dinge wieder heimwärts kriechen. An seinem fünfzigsten Geburtstag wird Scheffel nicht nur von munteren Sangesbrüdern gefeiert, er erhält auch ein Glückwunschtelegramm von Reichskanzler Bismarck. Nietzsche kann mit Blick auf Scheffel über diese Art von deutschem Geschmack nur den Kopf schütteln, aber er scheint mit seinem Aberwillen damals ein Außenseiter gewesen zu sein.

Während Scheffel sich feiern läßt und nichts dagegen hat, wenn er mit Auszeichnungen überhäuft wird, lehnt sein Kollege Heinrich Hansjakob nicht nur deshalb alles ab, was nach Plaketten und Medaillen aussieht, weil es ihm als Riesen eh schwerfallen will, sich zu jemandem hinabbeugen und bedanken zu müssen, sondern weil er glaubt, durch großherzogliche oder sonstige Ehrungen um seine Freiheit gebracht zu werden. 1837 als Gastwirtssohn in Haslach geboren, erlebt er als Zwölfjähriger, wie preußische Soldaten in seiner Kleinstadt die Aufständischen niederschlagen, was ihn derart geprägt haben muß, daß er zeitlebens einen besonders breitkrempigen Hecker-Hut trägt, wenn er aus dem Haus geht. Nach seinem Studium wird er Pfarrer in Hagnau am Bodensee, wo er die erste Winzergenossenschaft gründet. Als Abgeordneter im Karlsruher Landtag rennt er während des Kulturkampfs gegen die Anmaßung des Staates an, unabhängig von kirchlichen Instanzen den Schulstoff und die Prüfungsordnung bestimmen zu wollen, wobei er sich einige Zeit später bei seinen eigenen Leuten, der katholischen Fraktion, verhaßt macht, da ihm nach einer Frankreichreise die Trennung von Staat und Kirche auf einmal einleuchten will. Als er später in Freiburg eine Pfarrstelle antritt, läßt er vier Kapläne für sich arbeiten, um draußen vor der Stadt, in der sogenannten Karthause, seine Bücher schreiben und in aller Ruhe Besuch empfangen zu können. Zuweilen kommt ihm sogar der Gedanke, aus dem vatikanischen Verein auszutreten oder wenigstens seinen Pfarrock an den Nagel zu hängen, was nicht nur mit innerkirchlichen Freiburger Querelen und seinen politischen Alleingängen zu tun hat, sondern auch damit zusammenhängt, daß ihm das Zölibat von Anfang an zu schaffen gemacht hat. Allerdings hätte er woanders noch weniger eine weltanschauliche Heimat gefunden, schon zweimal nicht bei den Protestanten und auch nicht bei den als ungläubig verschrienen Sozialdemokraten, deren Anliegen er zwar bestens verstehen kann, aber durch eine christliche Kritik am Kapitalismus überflüssig machen zu können hofft. Zweimal sitzt Hansjakob wegen Beamtenbeleidigung in Haft, das eine Mal vier Wochen lang in Rastatt, das andere Mal sechs in Radolfzell. Daß die Deutschen mit einem Sedanstag den Sieg über die Franzosen feiern, findet er unchristlich und abgeschmackt, da man in seinen Augen »die Niederlage eines großen Volkes nicht mit alljährlichem Jubel begeht«. Und weil er es nicht lange daheim aushält, läßt er sich von seinem Bischof gelegentlich eine private Pilgerreise gewähren, um auf diesem Weg die Städte Frankreichs und Italiens kennenzulernen. Nebenbei springen noch vier Kinder von ihm zwischen dem Bodensee und Kinzigtal in der Welt herum, für die auch finanziell gesorgt ist, nur daß er sich von einer der Mütter über Jahre hinweg derart erpreßt fühlt, daß er gelegentlich sogar an Selbstmord denkt.

Eine seiner ersten Schriften gilt den Salpeterern, die er allein schon wegen ihrer prinzipiellen Renitenz schätzt. Wie auch sie kämpft Hansjakob gegen den allgemeinen Impfzwang, und überhaupt mag er es, wenn im Namen der Freiheit vor allem das Recht auf bäurische Sturheit verteidigt wird. Daß er deren Auflehnung gegen »unkatholische Neuerungen« bewundert, erstaunt nicht, denn in Hansjakobs Augen gehört zu den Zielen der Achtundvierziger vor allem der Kampf gegen die zunehmende Verstädterung und die damit einhergehende Macht der Geldwirtschaft. Was für ihn ganz konkret heißt, daß vor allem das Brauchtum gepflegt werden muß und das Schönste im Leben Trachtenumzüge sind. Hecker, Schurz und Struve würden sich für ein solches Ansinnen bedankt haben, doch Hansjakob wäre auch niemals wie diese nach Amerika ausgewandert, da er überzeugt davon ist, daß all die Heimatlosen, welche sich dort drüben ansiedeln, nur durchs Geldmachen miteinander verbunden sind. Weil er gegen Waldrodungen und den aufkommenden Autoverkehr wettert, kann man in ihm auch einen frühen Naturschützer sehen, zumal bis heute allerlei religiöse und ökologische Mahnrufer wie er der Meinung sind, daß Leute, die den Bezug zum Boden verlieren, keinen inneren Halt mehr besitzen und nur noch das Geld für etwas Göttliches halten. Für diese Naturferne und die damit zusammenhängende Anbetung des Mammons macht Hansjakob vor allem die Juden verantwortlich, wobei er die armen Landjuden davon ausdrücklich ausgenommen wissen will. In einem Leserbrief, der 1892 im *Freiburger Tageblatt* abgedruckt wird, bekennt er frank und frei: »Ich bin ein ausgesprochener Antisemit.« Nicht nur in diesem Punkt unterscheidet Hansjakob sich von Johann Peter Hebel, in dessen Geschichten die Hebräer – wie sie dort

oft genannt werden – meist besser als ihre Verächter weg-
kommen.

Im übrigen lassen sich die beiden in nichts miteinander
literarisch vergleichen, da Hansjakob nur deshalb auf vier-
undsiebzig Bücher kommen konnte, weil er uferlos drauf-
losgeschrieben und nicht im geringsten gewußt hat, was
erzählerische Ökonomie bedeutet. Sein Kachelofen- und
Goldrand-Stil läßt sich eh keiner Zeit zuordnen, auch nicht
dem 19. Jahrhundert, weil derart gekünstelt altfränkisch weder ein Scheffel noch sonst je ein Schriftsteller formuliert
hat. Als wollte Hansjakob jeden Satz mit dem matt glänzenden Firnis einer guten alten Zeit überziehen, ohne daß
man sagen könnte, um welche es sich eigentlich dabei handelt, kann man seine Schriften an jeder beliebigen Stelle auf-
schlagen, ohne je einem anderen Ton als diesem zu begegnen: »Das alte, vergoldete Kruzifix«, heißt es etwa in seinem 1901 erschienenen Buch *In der Karthause*, »welches mir
der greise Nachbar aus meiner Knabenzeit, der Bildhauer
Glückler von Hasle, zu meiner Primizfeier gemacht und
geschenkt, stund auf meinem tannenen Schreibtisch, so feierlich und so strahlend, als wollt' es mir mit dem Gold meiner Jugendzeit die Schmerzen und Wehen des Alters ver-
klären.«

Wer in ihm einen Nachfolger von Hebel sieht, muß blind
sein für das, was Stil und Sinn für Spannung ausmacht.
Während Hansjakob seine weltanschaulichen Ansichten
ausbreitet und von etwelchen Begegnungen berichtet, ist

Hebel ein Meister der kurzen Form. Es bedarf bei ihm auch keiner biographischen Hintergründe, um sich für sein Werk interessieren zu wollen, da seine Geschichten jedem sofort etwas sagen, egal woher er kommt. Wer einmal den *Kannitverstan, Unverhofftes Wiedersehen* oder *Das wohlfeile Mittagessen* gelesen hat, will auch seine anderen Geschichten kennenlernen. Daß sie so gut wie jeden erreichen, läßt Hebel unter den Dichtern eh als große Ausnahme erscheinen. Doch so schlicht diese Geschichten daherkommen, so genau gesetzt ist bei ihnen jedes Wort. Weil einem das aber überhaupt nicht eigens auffällt, zumal alles wie mündlich erzählt wirkt, sind sie in ihrer Knappheit nicht zu überbieten.

Als Hebel zwei Jahre alt ist, stirbt sein Vater an Typhus, und den Tod der Mutter erlebt er als Dreizehnjähriger während der Fahrt auf einem Ochsenkarren. An dieses Erlebnis erinnert sein bekanntestes alemannisches Gedicht *Die Vergänglichkeit*, das den Untertitel trägt: *Gespräch auf der Straße nach Basel zwischen Steinen und Brombach, in der Nacht.* Es spielt auf dem gleichen Weg, wo seine Mutter gestorben ist, nur daß hier ein Vater mit seinem Kind über unsere Hinfälligkeit redet, zu der auch der Verfall von Häusern und der Untergang ganzer Städte gehören. In einer Zukunftsvision malt der Vater das Bild eines zerstörten Basel, wo Hebel geboren ist, weil seine Eltern dort während der Sommermonate bei reichen Leuten ihr weniges Geld verdient haben.

's isch aitue, Chind, es schlacht emool e Stund,
goht Basel au ins Grab, und streckt no do
und dört e Glid zuem Boden uus, e Joch,
en alte Turn, e Gibelwand; es wachst
do Holder druf, do Büechli, Tanne dört,
un Moos un Farn, un Raiger niste drin –
's isch schad derfür! –

Auch mir fällt es an manchen Stellen schwer, diese Verse
auf Anhieb zu verstehen, doch schlimmer wird es, wenn sie,
wie hin und wieder geschehen, ins Hochdeutsche übertragen werden, weil dabei nichts mehr von ihrer Sprache übrigbleibt, was wieder einmal beweist, daß Gedichte unüber-
setzbar sind, wenn man ihnen nicht ihr Ureigenstes, nämlich ihren Klang, ihre Atmosphäre, ihre Sinnlichkeit nehmen
will. Daß Hebel erst in Karlsruhe, wo er eine Lehrer- und
Predigerstelle angetreten hat, damit anfängt, alemannische
Gedichte zu schreiben, zeigt, wie fremd man sich als Wiesentäler im badischen Norden fühlen kann. Seine *Kalen-
dergeschichten* dagegen besitzen zwar an manchen Stellen
einen dialektalen Einschlag, der für ein bißchen Lokalkolo-
rit sorgt, weshalb sie aber in keiner Weise wie Hansjakobs
Schriften eine Verwurzelung anpreisen, die in strammen,
braven, wackeren Mannsbildern ihren urechten Ausdruck
findet. In Hebels Welt begegnet man eher Säufern und fah-
renden Leuten, die in der Welt herumkommen und von
merkwürdigen Ereignissen in Holland und Russland erzäh-

len können. Sein Hauptspielort ist eh die Wirtschaft, weshalb man bei seinen Geschichten auch das Gefühl hat, man lese sie gar nicht, sondern sitze mit den andern am Tisch und höre einfach zu.

Wenn Goethe behauptet, Hebel habe das Universum *verbauert*, ist das alles andere als abwertend gemeint. Wie Hebel in den *Betrachtungen über das Weltgebäude* seinen Bauern und Handwerkern das kopernikanische Weltbild erklärt, gewinnt man den Eindruck, daß Gott diesen unendlichen Kosmos, aus dessen Mittelpunkt wir mit den Entdeckungen der Neuzeit geschleudert worden sind, nicht besser hätte einrichten können. Während Pascal zweihundert Jahre vor Hebel ob der metaphysischen Abgründe ins Klagen gerät, die sich für ihn mit der Verlorenheit im All auftun, knüpft Hebel ungebrochen an die griechische Bedeutung des Wortes Kosmos an, das – wie es noch in dem Wort Kosmetik nachklingt – nichts anderes als Schmuck, Glanz und Schönheit bedeutet. Wenn er den Gang der Planeten und die Konstellation von Erde, Mond und Sonne erklärt, könnte einem fast warm ums Herz werden, weil dabei das Fernste so vertraut und vertraulich wie das Nächste erscheint. Weil er von zerstörten Ozonschichten und sonstigen Naturkatastrophen noch nichts wissen kann, gelten ihm Sonne und Erde als Nachbarn, die »untereinander in guter Freundschaft leben« und dafür sorgen, daß »aus ihrer Liebe zueinander Tag und Nacht, Märzveilchen, Erntekränze, Wein und gefrorene Fensterscheiben entstehen.«

Was für andere zunehmend auseinanderzuklaffen droht und zu einer Frage des Entweder-Oder gerät, gehört für Hebel nach wie vor ganz selbstverständlich zusammen, als könne er überhaupt nicht verstehen, welche Probleme durch das kopernikanische Weltbild auf einmal zwischen Himmel und Erde, Wissen und Glaube, Vernunft und Gefühl entstehen sollten. Weil sich in seinen Augen Aufklärung und Andacht keineswegs ausschließen müssen, können in seinen Geschichten Predigt, Posse und Physikunterricht zuweilen ganz beiläufig ineinanderfließen, womit er als geborener Pädagoge dafür sorgt, daß naturwissenschaftliche Erkenntnisse auch denen zugänglich werden, die bloß schöne Geschichten lesen wollen. In welche Weiten hinaus Hebel auch immer blickt, überall entdeckt er Verwandtschaften, wobei den Mittelpunkt der Welt selbstverständlich die Wirtshäuser zwischen Basel und Freiburg bilden, vor allem diejenigen von Segringen und Brassenheim. Für Hebel steht aber auch fest, daß die Leute in Amsterdam, Moskau und Mauchen im Markgräflerland ähnliche Erfahrungen machen, weshalb ihn jene gegenwärtigen sozialphilosophischen Überzeugungen, wonach das Fremde noch viel fremder ist, als wir wahrhaben wollen und erahnen können, äußerst befremden müßten.

Geht man in der Geschichte nochmals ein paar Jahrhunderte zurück, so begegnen wir ein paar Gestalten, die mit diesen Zeitgenossen von Goethe und Heine so gut wie nicht zu vergleichen sind. 1497 kommt in Bretten im Kraichgau ein gewisser Philipp Schwartzerdt zur Welt, der später Melanchthon genannt werden wird, was nichts anderes als der griechische Ausdruck für Schwarzerde ist. Vermutlich zu Unrecht wird er immer erst an zweiter Stelle hinter seinem um siebzehn Jahre älteren Freund Luther genannt, zumal er im Kampf gegen das Papsttum als der intellektuelle Dramaturg nicht nur im Hintergrund die Fäden zieht. Vor allem kann Melanchthon im Unterschied zu Luther hervorragend Griechisch und ist in der antiken Literatur überhaupt der weitaus Beschlagenere. Wie die vielen begrifflichen Unterscheidungen in seinen Schriften beweisen, ist er auch bestens scholastisch geschult, nur daß er im Gegensatz zu den Katholiken die weltliche Vernunft der alten Griechen mit der biblischen Weisheit nicht mehr vermengen, sondern zwischen Philosophie und Theologie eine klare Trennlinie ziehen möchte. Im Grunde läuft das auf eine Zwei-Reiche-Lehre hinaus, bei der man das eine Mal aufs Evangelium, das andere Mal aufs logische Denken und die Wissenschaften verwiesen wird, was bei ihm kurz und bündig in dem Satz zum Ausdruck kommt: »Zum Verständnis der Religion bedarf man nicht der Landwirtschaft; dennoch hat sie nichts mit Gottlosigkeit zu tun.« Einmal abgesehen davon, daß in Bretten vor hundert Jahren das gotische Melanchthon-Haus renoviert worden ist und die Stadt damit einen kulturtouristischen Anziehungspunkt besitzt, spielt dieser altphilologisch versierte Theologe in Wittenberg eine weitaus größere Rolle als hier unten im Süden. Wie bereits erwähnt, wurde in seiner Nachbarschaft, genauer gesagt in Knittlingen, Johann Faust geboren, der es eher mit dem Teufel hatte, was damalige Katholiken von Melanchthon vermutlich auch behaupteten.

Ein gutes halbes Jahrhundert nach Melanchthons Tod beginnt 1618 infolge jener Kirchenspaltung, die er mit seiner Ausformulierung des *Augsburger Bekenntnisses* besiegelt hat, der Dreißigjährige Krieg. Während in Italien und Frankreich damals überall Schlösser und Paläste gebaut werden, wird in den deutschen Religionskriegen alles niedergemetzelt und niedergebrannt, was sich niedermetzeln und niederbrennen läßt. Und genau davon handelt der berühmt gewordene *Simplicissimus* von Grimmelshausen, dessen Untertitel lautet: »Die Beschreibung deß Lebens eines seltsamen Vaganten / genant Melchior Sternfels von Fuchshaim / wo und welcher gestalt Er nemlich in diese Welt kommen / was er darinn gesehen / gelernet / erfahren und außgestanden / auch warumb er solche wieder freywillig quittiert. Überauß lustig / und männiglich nutzlich zu lesen. An Tag geben von German Schleifheim von Sulsfort.« Melchior von Fuchshaim und German Schleifheim von Sulsfort sind freie anagrammatische Namensabwandlungen des Autors Christoffel von Grimmelshausen, der schon mit dreizehn Jahren als Soldat auf den Schlachtfeldern zu Hause ist.

An der Autobahn zwischen Offenburg und Baden-Baden ist auf einem jener längst inflationär gewordenen braunen

Schilder, die auf berühmte Bauten und märchenverdächtige Landschaften hinweisen, ein riesiges Tintenfaß mit Schreibfeder zu sehen, das auf die Grimmelshausen-Stadt Renchen hinweist. Geboren im hessischen Gelnhausen, ist er in Renchen während seiner letzten zehn Lebensjahre Schultheiß, nachdem er die Jahre zuvor im benachbarten Gaisbach neben einem Pferde- und Weinhandel auch noch die Wirtschaft *Zum Silbernen Stern* mitsamt einem dazugehörigen Badehaus betrieben hat. Daß es dort nicht so sittsam zuging, wie sich manche Leute wünschten, wissen wir von seinem moralisierenden Schriftstellerkollegen Johann Michael Moscherosch, der wiederum aus Willstätt stammt, das von Gaisbach nur einen Katzensprung entfernt ist.

»Behüte Gott, was eine menge Volcks fande ich daselbsten«, lesen wir bei ihm, »da Cavalliers, da Kutschen, da schöne Damen, deren Auge fünckelten als ob sie voll feyriger Sternen wären, da Spielleute, da, weiß nit was vor treffliche Leutte, Herren und Frauen. Ein Theil sang, der andere sprang, einer pfeiffte, der andere dantzte: der eine kützelte, der andere lachte, einer tranck, der andere aß: einer küsste, der andere herzte, Einer speyte, der andere k....« So muß es laut Moscherosch zumindest im benachbarten Sankt Peterstal zugegangen sein, wo noch heute die Mineralquellen überfließen, nur daß die abgefüllten Flaschen inzwischen mit der Aufschrift *Black Forest Bio-Apfelschorle* und *Black Forest Pearl still* versehen sind. Lange nach Grimmelshausen und Moscherosch, im Jahre 1871, weilte dort sogar der russische Zar mitsamt Gattin und Gefolge, worauf Kaiser Wilhelm es ihm gleichtun wollte und sich auch in den Schwarzwald aufmachte. Der Zentrumspolitiker Matthias Erzberger wiederum wurde dort in der Nähe auf einem Spaziergang von Mitgliedern der damals bereits verbotenen Brigade Ehrhardt erschossen, weil er, wie schon an anderer Stelle erzählt, ein Jahr vor dem Ende des Ersten Weltkriegs auf ein Friedensabkommen gedrängt und nach der Niederlage die Versailler Verträge unterzeichnet hatte.

Was Grimmelshausens schreibenden Kollegen aus Willstätt anbelangt, so hatte der zwanzig Jahre ältere Amtmannssohn Moscherosch das Glück, als Kind anstatt mit Musketen mit Schreibfedern hantieren zu dürfen. Allerdings hat ihn das nicht zu einem gelassenen Zeitgenossen, sondern ehrgeizigen Neidhammel werden lassen. Daß dem hereingeschneiten jüngeren Autodidakten Christoffel aus Gelnhausen mit seinem *Simplicissimus* ein Bestseller gelungen ist, konnte er schwer verdauen. Für ihn war dieser Schultheiß von Renchen ein ungebildeter Wirt, der seine wüsten Anekdoten mit Klassikerzitaten schmückt, die er sich nicht durch eifriges Studium angeeignet, sondern beiläufig aufgeschnappt hat. Damit lag Moscherosch gar nicht so falsch, da Grimmelshausen seine Erfahrungen tatsächlich nicht im Lateinunterricht, sondern unter Soldaten und Huren gesammelt hatte, während Moscherosch die Straßburger Literatenschule absolvieren durfte, die man vermutlich mit dem heutigen Leipziger Literaturinstitut vergleichen kann, in dem schreibende Professoren so lange die Manuskripte schreibwilliger Studenten redigieren, bis man sie getrost an einen Verlag schicken kann. Grimmelshausen dagegen weiß nicht, was Regeln sind und was Dramaturgie bedeutet. Das hat er nicht nur mit Rabelais gemein, sondern auch mit Jean Paul. Sie alle formulieren munter drauflos und halten fast jeden Einfall für literaturfähig. Daß das den Leser ermüden kann, steht außer Frage, doch dieses Ungebremste kommt allemal vitaler daher als Moscheroschs gedrechselte Sittenkritik, die sich schon deshalb satirisch vorkommt, weil dabei modeversessene Frauenzimmer und ihre koketten Verstellungs- und Verführungskünste über Seiten hinweg für des Spotts wert gehalten werden.

Günter Grass läßt sein schönstes Buch *Das Treffen in Telgte* ein Jahr vor dem Ende des Dreißigjährigen Krieges, also im Jahre 1647, spielen. Dabei treffen ein Dutzend Barockdichter aufeinander, womit er die Gruppe 47, die ja auch am Ende eines Krieges in einer sogenannten Kahlschlagsituation entstanden ist, um dreihundert Jahre vordatiert. Bei Grass treten neben Gryphius, Paul Gerhardt, Hofmannswaldau, Weckherlin und Logau auch Moscherosch und jener Stoffel von Gelnhausen auf, der eigentlich gar nicht als Dichter an diesem Treffen teilnimmt. Stattdessen sorgt er als kaiserlicher Offizier mit seiner Truppe dafür, daß die Herren Dichter nach anfänglichen Unannehmlichkeiten in ein Wirtshaus umziehen können, in dem sie für ein paar Tage ihre Ruhe haben. Obwohl dieser Stoffel noch nie etwas Literarisches zu Papier gebracht hat und bislang lediglich Regimentsschreiber war, diskutiert er von Anfang an wie kein zweiter in ausufernder, blumiger und vor allem drastischer Art und Weise mit. Dabei können die konsternierten Dichter sich des Eindrucks nicht erwehren, daß seine Narreteien durchaus Witz besitzen und dieser wilde Rotschopf auch nicht ganz unbelesen ist. Weil es schlecht mit den Kellervorräten aussieht, macht Stoffel sich mit seinen Mannen auf den Weg und kehrt nach einem halben Tag reich beladen zurück. Daß sie schwedische Soldaten überfallen haben, die gerade von der Plünderung eines Bauernhofs zurückkamen, darf er den sensiblen Poeten natürlich nicht verraten. Zwar läuft ihnen angesichts der saftigen Spanferkel, Hammel und Gänse das Wasser im Maul zusammen, doch weil die Moralisten unter ihnen trotzdem wissen wollen, woher die Beute stammt, erfindet er eine hanebüchene Geschichte, die selbst die schlimmsten Skeptiker in Staunen versetzt. Angestachelt durch diesen Erfolg, beschließt er, von jetzt an solche Eingebungen, in denen sich Irrsinn und Wirklichkeit wahllos vermischen, gleich aufzuschreiben, was die Wirtin, mit der er gleich am ersten Tag ins Bett gestiegen ist, laut auflachen und spotten läßt, er werde doch wohl nicht allen Ernstes glauben, es mit dem reichverzierten Witz eines Moscherosch aufnehmen zu können.

Daß Grimmelshausen nicht nur ungestüm drauflosformulieren, sondern auch andere Töne anschlagen kann, zeigt ein Lied, dem wir gleich im ersten Buch des *Simplicissimus* begegnen. Brentano und Arnim haben es in ihre Sammlung *Des Knaben Wunderhorn* aufgenommen, und es findet sich in abgewandelter Form auch unter Eichendorffs Gedichten wieder. In Grimmelshausens Roman vernimmt der verwaiste Simplicius diese Verse, nachdem er auf der Flucht vor jenen Brandschatzern, die schon seine Eltern vom eigenen Bauernhof fliehen ließen, mitten im Wald auf einen uralten Einsiedler trifft, den er zuerst für einen Wolf hält. Der Greis bietet dem Kleinen seine Hütte als Schlafstatt an. Als Simplicius um Mitternacht aufwacht, hört er den Einsiedler draußen folgendes Lied singen, dessen erste und letzte Strophe lauten:

Komm Trost der Nacht / O Nachtigall /
Laß deine Stimm mit Freudenschall /
Auffs lieblichste erklingen : / :
Komm / komm / und lob den Schöpffer dein /
Weil andre Vöglein schlaffen seyn /
Und nicht mehr mögen singen:
   Laß dein / Stimmlein /
      Laut erschallen / dann vor allen
         Kannstu loben
Gott im Himmel hoch dort oben.

…

Nur her mein liebstes Vögelein /
Wir wollen nicht die fäulste seyn /

Und schlaffend ligen bleiben : / :
Sondern biß daß die Morgenröt /
Erfreuet diese Wälder öd /
Im Lob Gottes vertreiben.
   Laß dein / Stimmlein /
      Laut erschallen / dann vor allen
         Kannstu loben /
Gott im Himmel hoch dort oben.

Natürlich darf man, wenn es um eine barocke Saft- und Kraftsprache geht, die in fast jedem Satz ihre bäurische Herkunft verrät, Abraham a Sancta Clara nicht vergessen, der eigentlich Ulrich Megerle heißt und aus Kreenheinstetten bei Meßkirch stammt. Daß er der Sohn eines Gastwirts ist, wäre kaum der Rede wert, kämen nicht so viele hiesige Dichter aus Wirts- und Winzerfamilien. So ist Melanchthon der Enkel eines Weinhändlers, Grimmelshausen selbst ein Wirt und Sohn eines solchen, Georg Herwegh und Heinrich Hansjakob sind ebenfalls Wirtskinder, desgleichen Martin Walser, der seit vierzig Jahren am badischen Ufer des Bodensees lebt und aus einer Wasserburger Wirtschaft kommt, wobei Wasserburg bei Lindau liegt und deshalb bereits zu Bayern gehört. Im Grunde muß sogar der Gastwirts- und Weinhändlersproß Stefan George erwähnt werden, der nicht nur eine Zeitlang in Heidelberg residierte und gelegentlich in Kiechlinsbergen am Kaiserstuhl bei dem Dichter Karl Wolfskehl zu Besuch war, sondern das Weintrinken geradezu wie einen Gottesdienst zelebrierte.

Ulrich Megerle wiederum hat es vom Wirtskind aus Kreenheinstetten bis zum Wiener Hofprediger gebracht, wo er mit seiner Wortgewalt während der Pest und den Türkenkriegen nicht nur die Kirchen gefüllt, sondern auch auf den riesigen Plätzen der Stadt Zuhörermassen mitgerissen hat. Ein Teil dieser Predigten, die Luthers Derbheit in nichts nachstehen, ist schriftlich überliefert, wobei man ihren ganzen Witz nach kurzer Zeit verstanden hat, da er vor allem darin besteht, die diversen Laster der Trunksucht, der Geilheit, des Neids und der Völlerei in tausend Farben auszumalen, um in aller Drastik zu zeigen, wohin ein solches Leben führt. Daß es nicht nur für Abraham a Sancta Clara, sondern auch seinen Mitbruder Geiler von Kaysersberg, der zweihundert Jahre vor ihm in Freiburg, Basel und Straßburg ähnliche Predigten gehalten hat, die höchste Lust gewesen sein muß, den irdischen Sündenpfuhl mit endlosen Formulierungsexzessen in allen Details vor Augen zu führen, zeigt, wie weit weniger der himmlische Frieden als die Ausgeburten unserer irdischen Hölle einen sprachlüsternen Überschwang zu erzeugen vermögen.

Allerdings gibt es von Abraham a Sancta Clara auch eine Predigt, die vom Predigen selbst handelt. Auf wahrhaft fabelhafte Weise exerziert sie durch, wie zwecklos grandiose Predigten sind, was nichts anderes heißt, als daß man sie wie ein großes Theater erleben muß, das wie jede Kunst, die diesen Namen verdient, keinen praktischen Nutzen besitzt, sondern sich durch eine Intensität rechtfertigt, die das Ereignis selbst ist. Unter dem Titel *Des Antonius zu Padua Fischpredigt* ist auch sie in *Des Knaben Wunderhorn* aufgenommen und von Gustav Mahler in einem wogenden Dreivierteltakt vertont worden, der einem das Gefühl gibt, im Wasser gegen die Drift anzukämpfen und dabei immer wieder abzutauchen. Das Lied erzählt von Aalen, Hechten, Karpfen und Krebsen, die begierig angeschwommen kommen, um mit offenen Mündern der Predigt des Antonius zu lauschen, wobei sie sich am Ende tief beeindruckt wieder von dannen machen und das, was gelehrt worden ist, sofort wieder vergessen. Daß der Novize namens Megerle sich schon während des Priesterseminars mehr fürs Theater als für geistige Übungen interessierte, mußten die Barfüßer, bei denen er war, von Anfang an mit einiger Skepsis feststellen. Für die Bühne sollte er auch nach seinem Tod noch von Nutzen sein, da Schiller von Goethe den Tip bekam, dessen Predigten zu studieren, um sich für die Kapuzinerpredigt im *Wallenstein* inspirieren zu lassen. Tatsächlich ließ Schiller sich davon zu einer seitenlangen sprachmusikalischen Strafpredigt anregen, mit der er vorführt, wie ein solcher Donner von der Kanzel herab von Büttenreden kaum zu unterscheiden ist.

In ihren Tourismusbroschüren preist die Stadt Meßkirch sich als »Badischen Geniewinkel« an, obwohl Arnold Stadler, der aus dem kleinen Dorf Rast kommt, das dort auch um die Ecke liegt, immer vehementer betont, daß Meßkirch geistig bereits zu Oberschwaben gehört. Außer Abraham a Sancta Clara werden, nebst einer Handvoll weniger allgemein bekannter Namen, noch Heidegger und der von Männerchören geschätzte Liedkomponist Conradin Kreutzer angeführt. Der Büchner-Preisträger Arnold Stadler wird bislang ausgespart, was sicherlich daran liegt, daß man bekanntlich erst als Toter im Pantheon Aufnahme finden kann und ein unsicherer Kandidat bleibt, solange man lebt. Vielleicht gefällt den Meßkirchern aber auch nicht, daß er in einem seiner Bücher behauptet: »Das Unglück zuhause rührte allein von daher, glaubte ich, daß bei uns im Hotzenwald keine Palmen wuchsen.« Den Hotzenwald, also jene dunkle Tannengegend, in der die Salpeterer gehaust haben, hat Arnold Stadler zum Hauptspielort so gut wie aller seiner Geschichten gemacht, selbst wenn von ihm nicht ausdrücklich die Rede ist und seine Figuren sich gerade auf Kuba, am Ende der Welt auf Feuerland oder in Stifters böhmischer Heimat herumtreiben. Daß Meßkirch nicht Teil des Hotzenwaldes ist, weiß jeder, der diese Gegend halbwegs kennt, aber im Unterschied zu Kartographen und Verwaltungsbeamten dürfen Dichter mit dem, was wir Wahrheit und Wirklichkeit nennen, bekanntlich ein bißchen freier verfahren. In seiner Dankesrede zur Verleihung des Marie-Luise-Kaschnitz-Preises hat Stadler bemerkt, im Grunde sei er in einer Gegend daheim, »die bis heute keinen richtigen Namen hat«.

Anders als er konnte »die Kaschnitz« nie über einen Mangel an Namen klagen, die ihre Kindheit geprägt haben. In ihrer berühmt gewordenen *Beschreibung eines Dorfes* ist unschwer jenes Bollschweil zu erkennen, das südlich von Freiburg im Hexental liegt, das den nördlichen Rand des Markgräflerlands bildet. Geboren ist sie in Karlsruhe und aufgewachsen in Potsdam, das sie als Siebzehnjährige mit ihrer Mutter nur widerwillig in Richtung Baden verläßt. Bollschweil ist eine Zweitausend-Seelen-Gemeinde, in der bis heute wenig geboten ist und nur eine einzige Wirtschaft am Weg steht. Lange Zeit konnte man beim Durchfahren auch den *Löwen* leicht übersehen, doch seit einigen Jahren leuchtet seine Fassade in hellstem Blau, das eher zu einem Strand als in diese waldige Gegend passen will. Ein Schild preist an der Straße freie Zimmer an, und im Biergarten bewacht ein Löwe aus Stein ein altes Weinfaß. Wer die badische Küche sucht – Schneckensuppe, saure Kutteln oder Leberle mit Brägele – muß Bollschweil links liegen lassen, da hier die Pächter alle paar Jahre wechseln und die Karte mal Szechuan-Huhn, mal Zigeunerschnitzel, mal Toast Hawaii anbietet. Nach einer weit gedehnten Kurve fährt man an einem verwitterten Gemäuer vorbei, hinter dem geschweifte Giebel aufragen. Das Anwesen ist vor dem Dorf geschützt, und nur ein unscheinbarer Ackerweg führt auf einen von Efeu umringten Torbogen zu, der den Blick auf einen großen Hof und ein Herrenhaus freigibt. Es ist das Schloß der Marie Luise Kaschnitz, wie dieses Landgut längst genannt wird. In einigem Abstand zu den andern Häusern liegt es da, und im Winter, wenn das Gehöft von kahlen Bäumen umringt ist, sieht es eher märchenhaft denn fürstlich und trotz der erleuchteten Fenster verloren und verwildert aus. Aber auch der ganze hügelig sich dahinziehende Ort wirkt wie eine Ansammlung versprengter Kleindörfer, die durch Wiesen und Felder voneinander getrennt sind. Ostwärts ragen hinter den Häusern die an grauen Tagen wahrlich finsteren Schwarzwaldberge auf, und während man ansonsten allerorts zwischen Basel und Freiburg die hinter den Vogesen untergehende Sonne verabschieden kann, werden die Hiesigen zum Westen hin von Weinbergen eingeschlossen, deren Kamm ein waldiges Gestrüpp als undurchdringliche Grenze erscheinen läßt.

Nur zum Süden hin öffnet sich das Tal, und vom Fenster aus kann Marie Luise Freifrau von Kaschnitz-Weinberg geborene Freiin von Holzing-Berstett, wie sie mit vollem Namen heißt, auf die Burgundische Pforte, genauer gesagt auf die Burgruine von Staufen, also zu jenem Ort hinabschauen, an dem Faust in einem Wirtshaus vom Teufel geholt worden sein soll und der Peter Huchel in seinen letzten Jahren als Exil gedient hat. An jenes Bollschweil, das sie später als den trauten Ort der Kindheit besingen wird, muß sie sich erst langsam gewöhnen, da dort all das fehlt, was man in Potsdam an Glanz gewohnt war. Ihr Vater, General von Holzing, Flügeladjutant am Hof des Kaisers, drängt 1916 die Familie, ins Bollschweiler Schloß umzuziehen, weil ihm klar ist, daß der Krieg nicht mit einem Sieg enden wird. Während die Ortsnamen ihrer Kindheit Pfingstberg, Marmorpalais, Lustgarten und Jungfernsee heißen, wandert die Siebzehnjährige zwischen Bollschweil und Ehrenstetten über den Ölberg, von dem ein Weiler namens Notschrei und jenes Todtnauberg nicht weit entfernt liegen, in dem Heidegger seine Holzhütte gebaut hat. »Vom Befehl des Familienoberhaupts, nach Bollschweil zu ziehen, war niemand begeistert«, erzählt Kaschnitz' Neffe Adrian von Holzing, der heute dort lebt. Am allerwenigsten konnte Marie Luises Mutter sich vorstellen, fern vom Berliner Theater- und Opernleben in einem Kuhdorf den Rest ihrer Tage zu verbringen. Sie war eine ausgebildete Sängerin, hatte von Arthur Schnabel Klavierunterricht erhalten und in ihrem Salon regelmäßig Konzerte veranstaltet. Wenn in Kaschnitz' späteren Gedichten das »goldene Weinland« und das »Rauschen der Linden« besungen wird, muß man wissen, daß solche Elogen in Rom und überall dort auf der Welt entstanden sind, wo sie mit ihrem Mann, dem Archäologen Guido von Kaschnitz-Weinberg, unentwegt unterwegs gewesen ist.

Erst nach dessen Tod im Jahre 1958 kehrt sie regelmäßig nach Bollschweil zurück, aber selbst dann verbringt sie dort nie eine längere Zeit. »Im Winter war sie eigentlich nie da«, erinnert sich ihr Neffe, »aber sonst ungefähr drei Mal im Jahr ein bis zwei Wochen lang.« Bei aller Feier der ländlichen Heimat drängt es sie nie, den Frankfurter

Wohnsitz aufzugeben und das viele Reisen einzuschränken. Weil sie mehr Bahnhöfe, Häfen und Flugplätze als die meisten ihrer Zeitgenossen gesehen und darüber gestaunt hat, wie schnell man sich auf einem Schiff heimisch fühlen kann, sollte Bollschweil der ruhende Punkt bleiben, dem es nicht verziehen wird, wenn auch er sich zu verändern beginnt. Zwar weiß sie, daß das »Urland« der Kindheit, »wo alles groß war / wo alles geheimnisvoll war, / wo nichts verging«, eine erfahrungsresistente Phantasmagorie ist, doch gegen dieses Wissen steht bis zuletzt das Verlangen nach einem Ort, an dem sie sich wie sonst nirgends in der Welt aufgehoben fühlen möchte.

Eines ihrer letzten Gedichte setzt mit den Versen ein: »Der Acker meiner Heimat / Der Apfelacker / Ist in Bewegung geraten.« Sein Titel *Notwendigkeiten* scheint von der Einsicht ins Unabänderliche zu künden, doch dann sind es die »Notwendigkeiten / Der EWG«, die Kaschnitz so unzweideutig ins Visier nimmt, als habe Erich Fried an diesen Strophen mitgeschrieben. Nicht wenige ihrer Gedichte leben von einer Zivilisationskritik, die auf wolkige Weise zu wissen glaubt, wo das Eigentliche beginnt und das Entfremdete endet. Im »wirren Getön der Zeit«, von dem Kaschnitz Anfang der fünfziger Jahre spricht, vermochte sie weniger eine belebende Polyphonie als eine Unübersichtlichkeit zu entdecken, die überwunden werden muß. Der Tränenblick zu einem geschichtlich nie Gewesenen zurück und der Ruf nach einem märchenhaften Morgen entfalten in ihren Versen eine selbst schon wieder zeitlose Klage über die schlechte Zeit, in der man leben muß. Bei der Verleihung des Büchner-Preises im Jahre 1955 erklärte sie: »All meine Gedichte waren eigentlich nur ein Ausdruck des Heimwehs nach einer alten Unschuld oder der Sehnsucht nach einem aus dem Geist und der Liebe neu geordneten Dasein.« Mit ihrem leidensverliebten Ursprungs- und Ankunftsverlangen konnte sie jahrelang ein Lamento über den unbehaust gewordenen, durch die technische Entwicklung metaphysisch entwurzelten Menschen anstimmen. Als ich mit vierzehn Jahren zum ersten Mal eines ihrer Bücher las, dachte ich, Literatur müsse wohl immer ein bißchen quälerisch und klagend sein, um Gewicht zu besitzen. Doch es sind weniger jene Übel, die sie anprangert, als ihre lastenschweren Sätze, die für asthmatische Beklemmungen sorgen.

1971 ist Peter Huchel, der in der DDR seit Jahren zum Schweigen verdammt war, ins benachbarte Staufen gezogen, so daß Marie Luise Kaschnitz, die 1974 in Rom gestorben ist, ihn fast zu Fuß besuchen konnte. In Huchels Garten befindet sich ein Swimmingpool, weshalb er in seinen tagebuchartigen Notizen bemerkt, die Kaschnitz komme gelegentlich zum Baden vorbei. In Staufen leben auch Erhart Kästner, ein ehemaliger Privatsekretär von Gerhart Hauptmann, der mit seinem Buch *Die Stundentrommel vom heiligen Berg Athos* bekannt geworden ist, und der Bildhauer Kurt Lehmann. Aus der DDR konnte Huchel lediglich ein paar Habseligkeiten mitnehmen, während man seine Bücher, Manuskripte, Briefe und sonstige Dokumente, die er zurücklassen mußte, in einem Lagerschuppen vermodern ließ. Franz Armin und Eva Morat, die seit Jahrzehnten weit mehr als manche staatlichen Institutionen für die Kunst tun, besorgten Huchel ein Haus und kamen für die Miete auf. Huchel bemerkt dazu in seinen Aufzeichnungen: »Ich konnte mir doch keine Wohnung leisten. Also trat ein Herr an mich heran, der in Freiburg lebt und ein Mäzen ist. Es war sehr schwierig, ich wollte mich nicht unterstützen lassen. Schließlich haben wir uns geeinigt, er zahlt mir für die nächsten Jahre das Haus, in dem ich wohne. Er hätte mich auch für die nächsten Jahre so unterstützt, daß ich davon hätte leben können. Das habe ich aber abgelehnt – vielleicht aus einer falschen Bescheidenheit heraus.«

Daß das Markgräflerland in seinen Versen kaum Spuren hinterlassen hat, liegt nicht nur daran, daß von ihm bloß noch ein einziger Gedichtband erschienen ist. Schließlich hat er sich nach den Weiten seiner brandenburgischen Landschaft mit ihren endlosen Kieferwäldern und dem märkischen Himmel zurückgesehnt und ist, was ihm vorher kaum möglich gewesen war, im Westen so viel wie möglich herumgereist. Einzig das vorletzte Gedicht seines 1979 erschienenen, Franz Armin Morat gewidmeten Bandes *Die neunte Stunde* nimmt durch den Titel *Todtmoos* ausdrücklich auf den Schwarzwald Bezug. Man kann aus ihm herauslesen, daß er sich in seinem Exil halb wie Enkidu, halb wie Odysseus gefühlt haben muß.

Während von Huchel bekannt ist, daß er seine letzten Jahre im Markgräflerland verbracht hat, denkt man bei Alfred Döblin gewöhnlich nur an Berlin. Dabei verläßt er diese Stadt bereits 1933, einen Tag nach dem Reichtagsbrand, in Richtung Zürich, von wo aus er nach Paris geht. 1936 nimmt er die französische Staatsbürgerschaft an, weshalb er nach dem Krieg als Oberst der französischen Militärverwaltung in Baden-Baden den Posten eines Literaturinspekteurs übernehmen kann und in dieser Funktion den Südwestfunk mit aufbaut. Manche sehen in ihm deshalb einen von den Siegermächten eingesetzten Zensor, der im französisch besetzten Süden literarisch aufräumen will. Dabei besteht seine Tätigkeit schlichtweg darin, acht Stunden am Tag so gut wie alles, was ihm an Romanen, Erzählungen, Essays, Gedichten, Theaterstücken und allerlei Manuskripten in die Hände fällt, daraufhin durchzuschauen, ob es lohnen könnte, gedruckt oder wiederaufgelegt zu werden. Daß er dabei keine alten Nazis favorisiert, sondern den Anschluß der deutschsprachigen Literatur an die von ihnen verfemte Moderne im Auge hat, versteht sich von selbst. Dazu gründet er nicht nur die literarische Zeitschrift *Das goldene Tor*, sondern auch einen Schriftstellerverband, der in der badischen Tabakstadt Lahr zum ersten Mal zusammenkommt. Wie Döblins damaliges Leben in Baden-Baden aussieht, schildert er in dem Buch *Schicksalsreise*, das von seiner Flucht und Rückkehr handelt:

»Was ist das für ein Kurort, was wird hier nur kuriert,
frage ich mich bald. Mir kommt vor, man kann hier
eher krank als gesund werden, so viel Nebel, Feuchtigkeit und Regen gibt es. Man sagt mir, die Stadt liegt
in einem Kessel, von Bergen eingeschlossen, und da
fangen sich hier die Wolken. Mag sein. So habe ich
wenigstens eine Erklärung, aber mein Rheumatismus
wird davon nicht besser ... Außer dem Nebel, dem
Regen und der Feuchtigkeit, falls dies mir noch nicht
an Nässe genügen sollte, habe ich hier draußen in der
Nähe noch ein kleines fließendes Wasser, Oos geheißen. Wenn man sich in den Kuranlagen bewegt und
an ihrem Ufer steht, das sehr schön ist, besonders
im Frühling, sofern man die Anlagen pflegt, mag das
Wässerchen, das sehr flink rieselt, eine Freude sein.
Ich kann mir aber nicht helfen; ich habe hier ganz
gegen meine Art eine Abneigung gegen das Wasser.
Ich betrachte auch diese Oos mißtrauisch. Wir sind
in einem kleinen Siedlungshäuschen untergebracht,
jetzt in zwei Zimmern, bei einer freundlichen Wirtin. Die Wände sind dünn, wir wohnen parterre, vom
Boden steigt Kälte auf. Wer kann sich hinstellen und
neidisch und vorwurfsvoll ausrufen: Da hausen die
Sieger!«

Die Tatsache, daß Döblin in diesen Jahren lieber Kontakt zu dem Freiburger katholischen Schriftsteller Reinhold Schneider sucht und Brechts Wunsch, er möge nach Ostberlin ziehen, keine einzige Sekunde nachzukommen gedenkt, paßt zu einer Bemerkung, die dieser Schilderung seiner Baden-Badener Wohnverhältnisse folgt: »Die deutsche Mentalität, jetzt nicht mehr nazistisch verkleidet«, heißt es da, »erwies sich tief heidnisch verseucht. Sehr unterschied sie sich da von der, trotz Voltaire, Rousseau und der Französischen Revolution, christlich durchbluteten französischen Literatur. Es müßte hier im Lande das Zeichen gegeben werden, schien mir, daß nicht die Totenglocke für das Christentum, sondern für das Heidentum geschlagen hat.« Dabei ist er überglücklich, daß sein 1946 abgeschlossener Roman *Hamlet* nach zehn Jahren vergeblicher Verlagssuche wenigstens in Ostdeutschland veröffentlicht wird, was auf Vermittlung Peter Huchels zustandegekommen ist, der ihn im Jahre 1954 in der Nähe des Titisees, wo Döblin zur Kur war, besucht hat. Weil er Emigrant sei und in französischen Diensten stehe, argwöhnt Döblin bis zu seinem Tod, wolle man im Westen nichts mehr von ihm wissen. Dabei leiden er und seine Frau in ihren letzten Jahren unter unentwegter Geldknappheit, weshalb sie sehnsüchtig auf die längst versprochenen Vorschüsse aus Ostberlin warten, die aber genauso wie die Belegexemplare des bereits veröffentlichten Romans ausbleiben. Ihnen bleibt nichts anderes, als immer neue Briefe an Huchel zu schreiben, in denen sie ihn anflehen, er möge doch die unerreichbare Verlagsleiterin Irene Gysi, welche wiederum die Mutter von Gregor Gysi ist, inständig bitten, ihnen endlich die versprochene Summe zukommen zu lassen. Döblins allerletzter Brief geht an den jungen Peter Rühmkorf, von dem ihm zu Ohren gekommen ist, daß er seinen *Hamlet*-Roman besprechen will. Aus dem Sanatorium Wiesneck in Buchenbach bei Freiburg schreibt er ihm: »Sie haben bemerkt, daß ich selbst in die Ecke gedrängt bin und schon als Friedhofsgemüse verwelke … Man fand, ich pfiffe auf dem letzten Loch, aber es war nicht das letzte, ich pfeife noch immer.«

Einen Monat später stirbt er in einer Emmendinger Klinik, also ebenfalls in der Nähe von Freiburg, wo er Anfang des Jahrhunderts Medizin studiert und vor seinem Umzug nach Berlin als Nervenarzt gearbeitet hat. Begraben liegt er in Housseras, einem Dorf in den Vogesen, wo auf der Grabplatte zu lesen ist: *Fiat voluntas tua* – Dein Wille geschehe –, was an seine Konversion zum Katholizismus erinnert. Am Friedhofseingang ist eine Gedenktafel mit der Inschrift angebracht: *Alfred Döblin, Médecin et Homme de Lettres, 1878– 1957, repose ici avec son Epouse auprès de leur Fils Vincent, mort pour la France.* Seine Frau Erna nahm sich wenige Monate nach seinem Tod das Leben. Die beiden liegen neben ihrem Sohn Wolfgang, der sich in Frankreich Vincent genannt und 1940 in Housseras eine Kugel in den Kopf geschossen hat, um nicht als französischer Soldat deutschjüdischer Herkunft in die Hände jener Wehrmachtssoldaten zu fallen, die das Dorf umzingelt hatten und gerade dabei waren, ihn gefangen zu nehmen.

Auch der Philosoph Edmund Husserl wurde 1937, ein Jahr vor seinem Tod, von den Nazis aus seiner Freiburger Wohnung vertrieben, wogegen auch sein berühmtester Schüler und akademischer Nachfolger Martin Heidegger nichts unternehmen konnte oder unternehmen wollte. Erst mit sechsundsechzig Jahren, also in einem Alter, in dem Professoren heutzutage emeritiert werden, ist Husserl im Jahre 1916 in Freiburg Ordinarius geworden. Daß damals Hannah Arendt, Herbert Marcuse, Hans-Georg Gadamer, Edith Stein und Karl Löwith fast gleichzeitig bei ihm oder Heidegger in den Seminaren saßen, vergißt man leicht, weil unter ihnen nicht allzu viele Gemeinsamkeiten auszumachen sind und man allenfalls behaupten kann, daß sie im Gefolge ihrer Lehrer die übermächtig werdenden Naturwissenschaften und den technokratischen Machbarkeitsgeist für eine Form von Religionsersatz halten. Von daher besitzt das sogenannte ökologische Umdenken in Freiburg eine längere Tradition, als die meisten Grünen wissen, von denen sich eh nur wenige auf Heidegger berufen möchten.

Ob Heideggers Engagement für die Nazis, wie es vor allem in seiner Freiburger *Rektoratsrede* von 1933 zum Ausdruck kommt, mit seiner Philosophie notwendig zusammenhängt oder als politischer Ausrutscher zu werten ist, darüber hat sich über Jahrzehnte hinweg eine Debatte entwickelt, die inzwischen halbe Bibliotheken füllt. Daß ausgerechnet Jacques Derrida, der während des Pétain-Regimes als Jude nicht mehr die Schule besuchen durfte, sich dazu weit differenzierter als mancher deutsche Gesinnungsheld äußert, ist bemerkenswert. Der Romanist Hans-Martin Gauger hat ihn in den neunziger Jahren nach Freiburg eingeladen und ihm auch jene Hütte gezeigt, die sich Heidegger oberhalb von Todtnauberg, in über tausend Meter Höhe, in einem solchen Abseits gebaut hat, daß an ihr kein offizieller Weg vorbeiführt und sie für Unkundige auch nicht von weitem zu sehen ist. Mit dem Auto kann man dort schon zweimal nicht vorfahren, vielmehr muß man eine ganze Weile durch bergige Almwiesen voller Glockenblumen, Enzian, Hahnenfuß und Sauerampfer wandern. »Wenn in tiefer Winternacht ein wilder Schneesturm mit seinen Stößen um die Hütte rast und alles verhängt und verhüllt, *dann* ist die hohe Zeit der Philosophie«, dieser Satz von ihm muß bei seinen Kritikern bis heute als Beleg dafür herhalten, daß er ein kitschiger Pathetiker mit Hang zu germanischer Blut- und Bodenmystik ist. Ich selbst hatte nie Mühe, mir unter einer solchen Erfahrung etwas vorstellen zu können. Nur hat ein solches Philosophieren eben wenig mit den Diskutierballetten sogenannter Expertenrunden und kommunikativ kompetenter Handlungsreisender in Sachen Sozialpolitik zu tun. Dort oben, gleichsam über der Welt, herrscht ein anderer Wind.

In dieser wahrlich philosophischen Abgeschiedenheit hat Paul Celan Heidegger 1966 besucht, woraus ein Gedicht mit dem Titel *Todtnauberg* entstanden ist, das zwanzig Jahre nach seiner Veröffentlichung eine heftige Debatte hervorgerufen hat, da die einen in ihm die entsetzte Abkehr Celans von Heidegger zum Ausdruck gebracht sahen, während andere lediglich eine Enttäuschung, aber keinen Bruch aus ihm herauslesen wollten. Das Gedicht lautet:

TODTNAUBERG

Arnika, Augentrost, der
Trunk aus dem Brunnen mit dem
Sternwürfel drauf,

in der
Hütte,

die in das Buch
– wessen Namen nahms auf
vor dem meinen? –,
die in dies Buch
geschriebene Zeile von
einer Hoffnung, heute,
auf eines Denkenden
kommendes
Wort

im Herzen,

Waldwasen, uneingeebnet,
Orchis und Orchis, einzeln,

Krudes, später, im Fahren,
deutlich,

der uns fährt, der Mensch,
der's mit anhört,

die halb-
beschrittenen Knüppel-
pfade im Hochmoor,

Feuchtes,
viel.

Vorausgesetzt, man sucht nicht von vornherein krampf-
haft nach versteckten Bedeutungen, so sind Celans Verse
oft gar nicht sonderlich rätselhaft, wie vor allem dieses Gedicht zeigt, das in seiner Bildlichkeit und den recht deutli-
chen Anspielungen fast schon etwas Erzählerisches besitzt.
Zumindest läßt es erahnen, welchen Eindruck die Begeg-
nung mit Heidegger bei Celan hinterlassen hat, auch wenn
Gedichte alles andere als tagebuchartige Berichte über da-
tierbare Ereignisse sind. Doch trotz aller Irritation, die über

eine bloße Enttäuschung offensichtlich hinausgeht, trifft sich Celan mit Heidegger im Grundsätzlichen genau dort, wo dieser die Philosophie hinter sich läßt und bei der Dichtung Zuflucht sucht, da in seinen Augen die Begriffshuberei des sezierenden und synthetisierenden Denkens jene Seinserfahrungen gerade zu verhindern scheint, auf die es ihm ankommt.

»Denken und Danken sind in unserer Sprache Worte ein und desselben Ursprungs. Wer ihrem Sinn folgt, begibt sich in den Bedeutungsbereich von: ›gedenken‹, ›eingedenk sein‹, ›Andenken‹, ›Andacht‹.« Diese Sätze würde man sofort Heidegger zuschreiben, als könnten sie in ihrer Diktion und ihrem Gestus nur von ihm stammen. Dabei hat Celan mit ihnen seine Dankesrede für den Bremer Literaturpreis eingeleitet, was insofern kaum verwunderlich ist, als er sich zu Heideggers Denken allein deshalb hingezogen fühlt, weil es auf der Suche nach einer Sprache ist, die nicht bereits wieder alles erklären und begreifen zu können meint, sondern es wagt, *ins Offene hinauszustehen*. Heideggers Frage war nie: Was ist die Welt und wie sieht sie aus?, sondern: Wie richten unsere Sprech- und Denkweisen sie zu? Wenn Celan in sein Gedicht das Wort Knüppelpfade einflicht, spielt er damit auf Heideggers berühmte Aufsatzsammlung mit dem Titel *Holzwege* an, der allein schon zum Ausdruck bringt, daß es ihm nicht um Antworten, sondern um Fragen zu tun ist, die im Weglosen enden, wenn man ihnen nachgeht.

Seine frühen Seminare in den zwanziger Jahren wurden bereits deshalb als abenteuerlich empfunden, weil sie keine Lehrveranstaltungen im herkömmlichen Sinn waren, sondern aus einem endlosen Befragen klassischer Texte bestanden. Bei Heidegger wurde nicht gelernt, was Aristoteles über Gott und die Welt denkt, sondern dessen *Metaphysik* aufgeschlagen und Wort für Wort der erste Satz gelesen: »Alle Menschen streben von Natur aus nach Wissen.« Bevor man zum nächsten überging, konnten Wochen vergehen, weil Heidegger kein einziges Jota als selbstverständlich hinnehmen wollte, sondern bei jedem Wort einhakte und fragte: Was bedeutet *alle*, was *Mensch*, was *streben*, was *Natur*, was *Wissen*? Was er dabei an alltagssprachlichen, etymologischen und philosophiegeschichtlichen Bedeutungen zutagegefördert hat, sprengt nicht nur den Rahmen konventioneller Textinterpretationen, sondern führt bei ihm zu einem Umgang mit Sprache, der aufgrund seiner Ferne zu jeder etablierten Terminologie erstaunlich unakademisch, aber eben auch eigenwillig anmutet.

Natürlich ist nichts leichter, als über Heideggers Sprachmarotten zu spotten. Tatsächlich weiß man manchmal nicht, ob man lachen oder verzweifeln soll, wenn bei ihm über Seiten hinweg *das Wesen west, die Sprache spricht, das Ding dingt* und einem vor lauter *Geworfenheit, Erschlossenheit* und *Zuhandenheit* nicht mehr recht klar sein will, was die *Jemeinigkeit* in ihrer *Zeitlichkeit* alles an *Unheimlichkeit* ertragen muß. Mit Blut- und Bodensprache hat das aber

reichlich wenig zu tun. Und wer darin ein bäurisches Ur-
tümeln und Archaisieren entdeckt, hat nur insofern recht,
als Heidegger sowohl der akademischen als auch landläu-
figen Sprache aus dem Weg geht, weil ihr Abgeschliffenes
vor allem die Denkfaulheit bedient. Paul Celan soll in einem Gespräch bemerkt haben: »Im Unterschied zu solchen,
die sich an seiner Ausdrucksweise stoßen, sehe ich in Heidegger denjenigen, der der Sprache wieder ihre *limpidité* zu-
rückgewonnen hat.«

Anders als oft behauptet wird, hat Heideggers Auseinan-
dersetzung mit der Technik reichlich wenig mit einer ver-
gangenheitssüchtigen Kritik an ihr oder gar mit Rousseaus
Ruf nach dem *Zurück zur Natur* zu tun. Schließlich hatte
Heidegger weder etwas gegen Kühlschränke und Flugzeuge
noch sonstige Erfindungen, zumal er für ein Fußballspiel
mit Beckenbauer, das im Fernsehen übertragen wurde, alles
stehen und liegen ließ. Das, was er Technik nennt, steht bei
ihm fürs Bewerkstelligen-, Begreifen- und Beherrschenwol-
len schlechthin, weshalb sie nicht etwa mit der Industriali-
sierung, sondern bereits vor zweieinhalbtausend Jahren mit
jenem metaphysischen Denken beginnt, das sich nur mit
dem zufriedengibt, was sich einordnen läßt und dem Ge-
setz der Widerspruchsfreiheit gehorcht. Weil ein solches
Denken möglichst alles auf den Begriff bringen will und
ihm dadurch jenes Andenken, das mit Innehalten und Andacht zu tun hat, reichlich fremd ist, hat Heidegger sich
vorgenommen, die Begriffstürme der abendländischen Me-

taphysik Stein für Stein abzutragen, um wieder *in die Lichtung des Seins hinausstehen* zu können.

Selbstverständlich bedarf es dafür keines speziellen Ortes, weil eine solche Erfahrung auf keine bestimmte Naturerfahrung angewiesen ist. Doch wenn man oberhalb von Todtnauberg mitten in der Welt wie über der Welt steht und außer dem Himmel nur leuchtende Wiesen und dunkle Tannenwälder sieht und tatsächlich die Stille hört, ahnt man, warum Heidegger vom Blick seiner Hütte aus darauf kommt, vom *Hinausstehen ins Offene des Seins* zu reden. Fern des Machens und Schaffens, Rechnens, Werkelns und Planens kommen einem dort andere Gedanken als in Diskutierstuben und Kommunikationszentren. Daß sie sich nicht auf den Begriff bringen lassen und – wie es bei Heidegger zuweilen der Fall war – auch Gefahr laufen, schlechte Lyrik zu ergeben, zeigt nur, wie schwierig es ist, das Unsagbare zur Sprache zu bringen. Daß solche Gedanken noch etwas mit Philosophie zu tun haben, hat Heidegger selbst bestritten, zumal er diejenige Art des Philosophierens eh hinter sich lassen wollte, die mit Sokrates einsetzt und in Hegels dialektischem Vernetzungsgewerkel ihre systematische Zuspitzung erreicht. Wie kein anderer knüpft Heidegger an Schellings Überzeugung an, daß jede Art von Erkenntnis im Bodenlosen gründet und sich deshalb das, was uns ausmacht, nie bis zur Neige erforschen läßt. Als Derrida mit Hans-Martin Gauger durch Heideggers Hütte ging, soll er immer nur gesagt haben: »Incroyable, incroyable.«

6.

Links des Rheins

Man kann nicht über Baden reden und dabei vom Elsaß schweigen. Der Schwarzwald und die Vogesen sind wie Spiegelbilder, nur daß der eine mit seinen endlosen Tannen tatsächlich schwärzer als sein Gegenüber aussieht, dessen Laubbäume im Herbst eine Pracht entfalten, auf die man nur eifersüchtig sein kann. Auch wenn Ludwig XIV. bei seiner Einverleibung des Elsaß der Meinung war, daß der Rhein eine natürliche Grenze bildet, beweisen neben dem Alemannischen allein schon der Wein und die Küche, wie verwandt man sich ist. Schon während meiner Reutlinger Zivildienst- und Tübinger Studienzeit bin ich regelmäßig ins Elsaß gepilgert, und als ich vor zwanzig Jahren nach Freiburg kam und hier die Läden samstags noch um zwei die Rolläden heruntergelassen haben, habe ich mich oft ins Auto Richtung Colmar gesetzt, um mit Käse und Riesling, aber vor allem auch ein paar *Andouillettes* im Gepäck wieder heimzufahren. Daß man inzwischen auch im Elsaß nach Metzgereien suchen muß, die solche Gekröse-Würste anbieten, spricht nicht für die kulinarische Entwicklung auf der anderen Uferseite. Wer keine geschmacklichen Wagnisse eingehen will, wird sie zwar nicht vermissen, doch es soll sich inzwischen sogar schon in Schleswig-Holstein herumgesprochen haben, daß Kutteln für Südländer zur Sterneküche gehören. Auch wenn sich hier die Ladenzeiten inzwischen ausgeweitet und solche Ausflüge seltener gemacht haben, gibt es auf unserer Seite nichts, was mit dem Samstagsmarkt in Mulhouse zu vergleichen ist. Es riecht dort schon von weitem, als nähere man sich einem maghrebinischen Suk, nach Minze und allen Düften des Orients, und drinnen in den Hallen bieten neben dem arabischen Fleischer die elsässische Fromagerie und der Fischhändler alles, was Gott in Frankreich zum Leben braucht. Daß hier nicht nur Zurechtproportioniertes ausliegt, sondern ganze Lammhälften vor Ort zerhackt und entbeint werden, macht den Markt fast zu einer Schlachterei, in der man sieht, wie Keulen, Hacksen, Schultern, Rippen, Rücken herausgetrennt und für den Ofen zurechtgeschnitten werden.

Noch vor zehn Jahren bin ich im Elsaß weit mehr deutschen Stimmen als französischen auf unserer Seite begegnet, was sich in den letzten Jahren geändert hat. Als ich kürzlich an Fronleichnam in Sankt Peter oben war, parkten ums Kloster herum fast genauso viele französische wie deutsche Autos. Überhaupt sieht man auf der Autobahn zwischen Karlsruhe und Basel immer mehr gelbe Nummernschilder, von denen natürlich die meisten die Zahl 67 besitzen, welche für das Département Bas-Rhin steht, was Norddeutsche seltsam finden müssen, da für sie der Niederrhein erst nördlich von Köln beginnt, während er für die Franzosen an der Grenze zur Pfalz endet. Auch Fritz Keller, vor dessen *Schwarzem Adler* in Oberbergen seit Jahrzehnten Autos mit französischen Kennzeichen stehen, die nicht nur seinen Köchen gehören, findet es beachtlich, wie viele Elsässer inzwischen hier einkehren.

Und trotzdem scheint es übers Einkaufen und Essengehen hinaus kein allzu merkliches Interesse aneinander zu geben. Der Schriftsteller Otto Flake – 1880 im lothringischen Metz geboren, in Mulhouse und Colmar aufgewachsen, Student in Straßburg und seit Ende der zwanziger Jahre in Baden-Baden ansässig – gelangt nach dem Horror der ersten Jahrhunderthälfte in seinem posthum veröffentlichten Buch *Ein Leben am Oberrhein* zu dem Schluß, daß man in unserer Gegend, ob man will oder nicht, gar nicht anders als zum Europäer werden kann. Solche Statements hören sich längst wie Sonntagspredigten an, denen eh keiner widersprechen will, zumal es äußerst angenehm ist, daß seit Schengen kein Grenzposten mehr auf den Rheinbrücken steht und nur noch die Schweizer Zöllner Augenfarben überprüfen und Kofferräume inspizieren. Trotzdem füllen jene Pendler, die zwischen Freiburg und Basel verkehren, ganze Züge, während ins Elsaß kaum jemand zum Arbeiten fährt, es sei denn nach Straßburg ins Europäische Parlament oder zu *Arte*. Dabei kann es an den sprachlichen

Grenzen allein nicht liegen, daß ein sogenannter Austausch kaum stattfindet. Als ich in den neunziger Jahren am Basler Theater gearbeitet habe, kam – wie seit je – ein beträchtlicher Teil der Besucher aus Deutschland, während aus Saint Louis, das gleichsam den französischen Teil von Basel bildet und mit der Straßenbahn zu erreichen ist, fast niemand den Weg dorthin fand, obwohl es, was die Oper und den Tanz anbelangt, bekanntlich keine Rolle spielt, welche Sprache man spricht.

Andererseits haben in den achtziger Jahren viele Deutsche in den elsässischen Dörfern für einen Spottpreis alte Bauernhäuser gekauft, hinter deren Hoftoren sich ganze Obstwiesen und Gärten verstecken. Viele von ihnen stehen inzwischen leer oder sind wieder verkauft, obwohl sie nobel renoviert worden sind, was daran liegt, daß man sich in diesen Dörfern nicht nur ungestört, sondern vor allem verloren fühlen kann, weil sie keinen Laden, kein Bistro, keinen Bar-Tabac und schon zweimal kein Restaurant mehr besitzen. Nicht selten muß man eine knappe halbe Stunde fahren, um statt in einem Pizza- oder Pitta-Imbiß wieder einmal in einer Weinstube zu landen, die Choucroute garnie oder Baeckeoffe auf der Karte stehen hat. Und was das Einkaufen anbelangt, so trifft man in den abgelegeneren Gegenden zwischen den Wiesen und Weilern fast nur noch auf jene Hypermarchés, die dreimal so groß wie unsere Supermärkte sind. Dort kann man von Fahrrädern über Pasteten bis zum Hausaufgabenheft alles bekommen, was zum

Leben nötig ist, nur daß die Trostlosigkeit, der man dort trotzen muß, sich nicht einmal existentialistisch überhöhen läßt.

Allerdings gibt es auch Deutsche, die sich drüben ein Haus bauen, aber ihre Kinder jeden Morgen über die Grenze in die deutsche Schule bringen und mit den Einheimischen weder in der Kneipe noch sonstwo zusammensitzen. Daß sie sich damit nicht beliebt machen, kann man sich vorstellen. Zum andern sprechen die jüngeren Elsässer oft kein Deutsch mehr, und in der Schule wählen die allermeisten Franzosen als zweite Fremdsprache Spanisch, während zumindest in der Freiburger Gegend Französisch sogar in der Grundschule angeboten wird, was sich, wie ich bei meiner Tochter erlebt habe, zwar meist auf ein bißchen *ça va* und *comment tu t'appelles?* beschränkt, aber immerhin dazu führt, daß im Gymnasium viele mit Französisch und nicht mit Englisch beginnen.

Was jedoch die alltägliche Nähe anbelangt, so kam allenfalls Mitte der siebziger Jahre, als es gegen das KKW in Wyhl ging, links und rechts des Rheins ein großes Wir-Gefühl auf. Aber wie das bei Bewegungen, die einen Feind brauchen, eben so ist, gab es nach dem Entscheid, daß Wyhl atomfrei bleibt, auch keinen Grund mehr, sich weiterhin auf Wiesen und Feldern zum Demonstrieren zu treffen. Immerhin düsen seit Sommer 2007 zwischen Stuttgart, Karlsruhe, Straßburg und Paris ICEs und TGVs hin und her, was jahrelanger Verhandlungen bedurfte, weil die Franzosen nach den beiden Weltkriegen ihre Achsen, Signale, ihr Stromsystem und ihre Triebköpfe und all das, was sonst noch eine verkehrstechnische Rolle spielt, ganz anders als die Deutschen konstruiert und geregelt haben, damit unsereins nie mehr mit Soldatenliedern auf den Lippen problemlos in ihr Land einrollen kann. *Alleo* nennt sich das neue deutsch-französische Bahnkartell, in dem – unschwer zu erkennen – *Allez*, *Hallo* und *Allemagne* drinstecken. Von Karlsruhe bis Paris dauert es jetzt bloß noch drei Stunden, was zwei weniger als bislang sind, und in Kürze sollen die Fahrzeiten sogar noch deutlich gedrosselt werden. Ein Flug von Mulhouse nach Paris lohnt sich für einen Freiburger schon jetzt nicht mehr, weil Anfahrt, Einchecken und Wartezeiten die Bahnfahrt deutlich übersteigen. Was einem der TGV freilich nicht bieten kann, ist ein Rundflug über Paris, wie man ihn vom Flughafen *Charles de Gaulle* aus erlebt, wenn man sich wieder nach Mulhouse zurückbegibt. Dafür allein lohnt es sich, doch nicht den Zug zu nehmen.

Und dennoch: Was ändert die flinkere Metropolenvernetzung für den Winzer in Waldulm, den Schreiner in Schopfheim, den Beamten in Baden-Baden? Wahrscheinlich rein gar nichts. Trotzdem gibt sie einem das Gefühl, sich noch näher zu sein. Und sei es nur, daß man sich noch öfters sagt: Eigentlich könnte man am Wochenende mal auf die Schnelle nach Paris fahren. Man wird es genauso selten tun wie bisher, weil das Gefühl, fast in der Nähe des Eiffelturms zu wohnen, die Mühen einer Reise erübrigt. Im übrigen mögen sich die Polen darüber freuen, daß der neue Zug den Namen *TGV Est Européen* trägt, auch wenn sie von Warschau bis Karlsruhe noch gute tausend Kilometer hinter sich bringen müssen, um ihn besteigen zu können. Allerdings haben die französischen Schaffner bei den deutsch-französischen Verhandlungen klargestellt, daß sie sich nicht wie ihre deutschen Kollegen zu Knechtsdiensten hergeben und den Fahrgästen Kaffee servieren. Daß zwischen den unseren und den andern ein unübersehbarer Unterschied besteht, weiß jeder, der drüben schon einmal Zug gefahren ist. Schließlich schaut der französische Kontrolleur von weit oben auf einen herab, wozu es gar keiner besonderen Strenge bedarf, da seine offiziersähnliche Montur und autoritätsheischende Mütze den Sitzenden, der an ihm hochschauen muß, sofort untertänig dreinblicken läßt. Wobei Christian Lacroix, seines Zeichens *Haute Couturier*, inzwischen eine Schaffner-Kollektion vorgelegt hat, die – wie man liest – Strenge und Freundlichkeit miteinander versöhnen soll.

Ohne daß sie wirklich bemerkt werden, gibt es natürlich auch noch die *Dernières Nouvelles d'Alsace*, »die letzten Neuigkeiten aus dem Elsaß«, eine Tageszeitung, die sogar eine zweisprachige Ausgabe besitzt, aber wie alle regionalen Blätter vor allem mit ausführlichen Bildartikeln über Feuerwehrfeste, Sparkassen-Ausstellungen und lokale Sportereignisse gefüllt ist, ganz zu schweigen von den vielen graphischen Kraut- und Rübenseiten mit gereimten Glückwünschen zu diamantenen Hochzeiten und Anzeigen von Kneipen, die ihre Grillabende anpreisen, nebst Superangeboten für Gartenstühle, Markisen und Rasenlaternen. Obwohl die *DNA* auch hier an jedem besseren Bahnhofskiosk ausliegen, kenne ich niemanden, der sie liest. Dabei gibt es in dieser Liga durchaus schlechtere Gazetten, zumal die französische Zeitungslandschaft das, was wir Debattenkultur nennen, eh kaum kennt, weshalb auch die großen Blätter mit den hiesigen nur schlecht zu vergleichen sind. Dafür sitzt in Straßburg nicht nur das Europäische Parlament, sondern auch der deutsch-französische Fersehkanal *Arte*, dessen Programm an manchen Abenden immerhin dafür sorgt, daß einen beim Zappen keine Verzweiflung überkommt.

Nachdem die Elsässer über Jahrhunderte hinweg als Spielball für machtpolitische Gelüste herhalten mußten, weil ihrem Landstrich bei staatlichen Verteilungskämpfen immer eine hochsymbolische Rolle zukam, scheint seit dem Ende des letzten Weltkriegs festzustehen, daß kein Elsässer mehr von Berlin aus regiert werden will. Doch noch Anfang der dreißiger Jahre, kurz vor seiner Flucht nach Südfrankreich, meinte der deutsch schreibende Elsässer Schriftsteller René Schickele, seine Landsleute bewiesen ein schlechtes Gedächtnis, wenn sie behaupteten, nie deutschnational und kaiserfreundlich gesinnt gewesen zu sein. Seit Hitlers Zeiten kann man ihnen solche Neigungen sicherlich nicht

mehr nachsagen. Daß sie aber nach wie vor als *boches* ausge-
buht werden können, wenn sie im Landesinnern mit ihrem
Alemannisch auftreten, hat der Straßburger Liedermacher
Roger Siffer einmal bei einem Konzert in Paris erfahren
müssen. Als ich vor knapp zwanzig Jahren nach Freiburg
kam und auf dem Münsterplatz regelmäßig am gleichen
Gemüsestand eingekauft habe, fragte ich eines Tages meine
Marktfrau: »Kommen Sie aus dem Elsaß?« Ihre Antwort:
»Mais non, isch bin eine rischtische Frazösinn!« war nicht
frei von Entrüstung.

Neben Jean Egens autobiographischem Roman *Die Linden von Lautenbach* kenne ich kein zweites Buch, das so in-
nig und ironisch zugleich von den Absurditäten erzählt, mit
denen die Elsässer lange leben mußten, wenn sie sich als
gute Franzosen bewähren wollten. Über den Vogesen drüben galten sie als *Sauschwoba*, deren germanisches Gestotter
für Hohn und Spott sorgte, während sie daheim schief angesehen wurden, wenn sie sich um ein reines, feines Französisch bemühten, aus dem das kehlige Alemannisch verbannt
sein sollte. »Wüßten die Franzosen, wie sehr wir sie lieben,
würden sie sich schämen, uns auszulachen«, heißt es in dem
Buch, das von Anfang bis Ende von der Unmöglichkeit handelt, einfach ein Elsässer zu sein, ohne bei jeder sich an-
bahnenden Liebesgeschichte sofort mit der Frage konfron-
tiert zu werden, wie man zu den Franzosen und Deutschen
steht. Daß der 14. Juli, also der Nationalfeiertag, an dem der
Sturm auf die Bastille gefeiert wird, bei den Elsässern der

Vierzehnta Quatorze heißt, sagt alles. Es veranschaulicht auf andere Weise, was Jean Egen von seinem Onkel Nicolas, dem im Krieg die Beine zerschossen wurden, erzählt, der über den berühmten Munster aus Munster, das in den Bergen hinter Colmar liegt, philosophiert: »Ein stark dialektischer Käse, erweckt Abneigung und Wollust in einem, Genuß und Pestilenz ... deutscher Duft, französischer Geschmack, typisch elsässisch.« Daß bei allen nationalen Zerreißproben zwei Dinge, die weder bei der Hochzeit noch beim Leichenschmaus und im Grunde überhaupt nie fehlen dürfen, jeden Elsässer versöhnen können, davon erzählt dieses Buch auf allen paar Seiten. Es handelt sich um den Riesling und den Münsterkäse, die – wie Egen meint – den reinsten Wettlauf ergeben: »Man braucht immer noch einen Bissen vom einen, einen Schluck vom anderen, um mit beiden fertig zu werden.«

Mit jenem Lautenbach, an das Jean Egen bei Schuberts *Lindenbaum* denkt, ist nicht das gleichnamige in der Ortenau gemeint, in dem die prächtigste spätgotische Dorfkirche der Welt steht. Aber es zeigt, wie sich hüben und drüben die Namen nicht nur ähneln, sondern sogar gleich sind. Das elsässische liegt hinter Guebwiller im *Florival*, was so viel wie Blumental heißt, wo Egens Mutter herkommt, die 1975 in Paris gestorben ist, aber in ihren letzten Jahren immer gesagt hat: »I wott heim.« Dieses *heim* habe sich »wie das leise Blöken eines verirrten Lammes« angehört, das zwar nichts dagegen gehabt habe, zu den Franzosen zu gehören, aber in einer anderen Sprache daheim gewesen sei. »Der Elsässer«, habe Mama immer gedacht, »ist ein Franzose, der sich nur im deutschen Kulturbereich wohl fühlen kann, so wie der Wal ein Säugetier ist, das nur unter Fischen zu leben vermag.« Für die jüngeren Elsässer ist das Vergangenheit, zumal sie nicht wie die Älteren sofort auf Deutsch antworten, wenn man bei ihnen einen Kaffee bestellt oder an der Käsetheke steht. Lediglich in den siebziger Jahren, als landauf, landab jene sich subversiv fühlenden Folkloristen, die sich *Zupfgeigenhansl* und *Liederjan* nannten, das Lied vom einfachen Leben anstimmten und überall zurück zu den Ursprüngen wollten, haben auch im Elsaß ein paar Barden die Mundart wiederentdeckt. Weil man sich aber mit drei Akkorden und einer reimseligen Gesellschaftskritik, die sich immer noch von Pfaffen und Lehnsherren umringt sieht, nicht allzu lange über Wasser halten kann, hat auch das sich gelegt.

Dabei ging es im Elsaß, was die Sprache anbelangt, tatsächlich gelegentlich um Sein oder Nichtsein. Saint Just, der rigideste aller Jakobiner neben Robespierre, hatte befohlen, daß dort kein Wort Alemannisch mehr gesprochen werden darf und die Frauen ihre *teutschen Trachten* in den Rhein werfen müssen. Um seinem Willen Nachdruck zu verleihen, veranstaltete er nicht nur Massenhinrichtungen, sondern drohte mit der Deportation aller Elsässer ins französische Kernland, was vor allem deshalb nicht zustandekam, weil er wie Robespierre von seinem eigenen Terror eingeholt und guillotiniert wurde. Kurioserweise hatte kurz zuvor ausgerechnet der Bürgermeister von Straßburg den Kommandanten der Rheinarmee gebeten, für sein Heer eine Siegeshymne zu schreiben, was dieser auch gleich tat. Von seiner Uraufführung beim Bürgermeister daheim gibt es ein berühmtes Gemälde, auf dem er, mit einem Säbel bewehrt, singend den rechten Arm hochreckt, seine Linke ans Herz drückt und von einer kleinen Zuhörerschar angestarrt wird. Sein Name lautet Rouget de Lisle, der als Dichter der *Marseillaise* in die Geschichtsbücher einging.

Unweit von Straßburg, im abgelegenen Waldersbach, wollte damals der Pastor Oberlin, welcher als Erfinder des Kindergartens gilt, mit seiner sozialen Umtriebigkeit genau das verhindern, wozu es trotzdem gekommen ist, nämlich die Revolution. Durch Büchners *Lenz* ist Oberlin auch in die Literatur eingegangen, da in dessen Pfarrhaus der geistig verwirrte Jakob Michael Reinhold Lenz Aufnahme fand und Oberlins Tagebuchaufzeichnungen bis in einzelne Formulierungen hinein der Erzählung als Vorlage dienten. Bei Büchner könnte man meinen, die Vogesen seien ein düsteres, kluftiges, feuchtes Gebirge, das wie kaum ein anderer Ort den Seelennebel des verstörten Dichters zu spiegeln vermag. Wie ein bedrohliches Ostinato taucht das Wort *Gebirg* vom ersten Satz an immer wieder auf, als müsse man sich in diesen waldigen Wüsteneien und Schluchten geradezu verirren. Das winzige, in den Vogesen liegende Dorf Waldersbach, in dessen altem Pfarrhaus heute das Oberlin-

Museum untergebracht ist, machte vor gut zwanzig Jahren, als ich dort war, den Eindruck, als habe sich in den letzten zweihundert Jahren so gut wie nichts verändert: Die Hühner spazierten auf den unebenen, hügeligen Gassen herum, außer gelegentlichem Hundegebell und zaghaftem Gegakker waren um die Mittagszeit nur Vögel zu hören, und alles wirkte so verschlafen, als befinde man sich in einem Märchen, dessen ländlicher Frieden weit davon entfernt ist, das Wünschen überflüssig zu machen.

Dabei hatte Oberlin an allen Ecken und Enden dafür gesorgt, daß sich im äußerst armen Steintal alles, was in menschlicher Macht steht, zum Besseren wendet. Von der Idee, Schulen und Strickstuben einzurichten und Landwirtschaftsvereine und Darlehenskassen zu gründen, über neue Saat- und Anbaumethoden bis hin zum Straßen- und Brückenbau brachte er tausend Dinge in Gang, was aber nicht verhinderte, daß er während der Revolution sein Ornat ablegen mußte und trotz der Fortsetzung seiner Aufbauarbeit sogar eine Zeitlang in Haft genommen wurde. Inzwischen ist nach ihm nicht nur eine Stadt in Ohio, sondern auch eine Universität in Tokio benannt, ganz abgesehen von den zahllosen Kindergärten, Ausbildungsstätten und Hochschulen, die seinen Namen tragen. Daß ihm mehrfach seine tote Frau wiedererschienen sein soll, das allein macht Oberlin in der sogenannten Aufklärungszeit am allerwenigsten zu einer Ausnahmefigur, schließlich haben nicht nur Leute wie Swedenborg und Mesmer allerlei Anwandlungen gehabt, sondern in erster Linie die lichttrunkenen, auf Fortschritt versessenen Freimaurer bei ihren Geheimtreffen spiritistische Sitzungen veranstaltet.

Gut hundert Jahre später, als das Elsaß infolge des 1870/71er Kriegs wieder einmal deutsch war, spielte bei der sogenannten Dreyfus-Affäre die Herkunft des Angeklagten in doppelter Weise eine Rolle. Der Offizier Alfred Dreyfus wurde wegen Hochverrats für den Rest seines Lebens auf die Teufelsinsel verbannt, obwohl bei seinem Prozeß, in dem ihm vorgeworfen wurde, für Berlin spioniert zu haben, die Indizien mehr als spärlich waren. Nach elf Jahren sollte sich zwar zeigen, daß der Falsche verurteilt worden war, doch als deutschstämmiger Jude aus Mulhouse schien Dreyfus der geborene Judas zu sein. Als Zola sein berühmt gewordenes *J'accuse* veröffentlichte, wurde er selbst angeklagt und floh deshalb nach England. Mit Blick auf diese Ereignisse berief Theodor Herzl in Basel den Ersten Zionistischen Weltkongreß ein und schrieb sein Buch *Der Judenstaat*. Beides trug neben dem, was die Deutschen dann anrichteten, wesentlich dazu bei, daß es heutzutage Israel gibt. Als Marcel Proust sich auf die Seite von Dreyfus schlug, war sein Vater entsetzt, obwohl dessen eigene Frau, also Prousts Mutter, Jüdin war. Aber für so gut wie alle Franzosen, die auf Recht und Ordnung hielten, war klar, daß die deutschjüdische Mischung eines Elsässers, der es auf eine Karriere im französischen Militär abgesehen hat, alles, nur nichts Gutes bedeuten kann.

Daß die Frage, wozu man gehören will, das Politische weit übersteigen kann, mußten vor allem jene Elsässer erleben, die sich fürs Schreiben oder, anders gesagt, für die Literatur entschieden. Nicht nur René Schickele und Yvan Goll, auch die beiden aus Straßburg bzw. dem benachbarten Wolfisheim stammenden Surrealisten Hans Arp und Maxime Alexandre mußten sich – jenseits des Alemannischen – in einer der beiden offiziellen Sprachen richtiggehend einrichten, um nicht ständig zwischen einem bloß gewöhnlichen Alltagsfranzösisch und Alltagsdeutsch hin und her zu schwimmen. Im Unterschied zu seinem Freund Arp brachte es Maxime Alexandre nie zu wirklicher Bekanntheit, obwohl sich seine *Memoiren eines Surrealisten* nicht nur deshalb zu lesen lohnen, weil dabei von Aragon bis zu Artaud alle, die damals unter Exzentrik-Zwang standen, ihre Auftritte haben und man von Breton erfährt, daß er das surrealistische Experiment mit einem kollektiven Selbstmord beenden wollte. Alexandre, der jahrelang zu dessen engstem Kreis gehörte, sagt von sich selbst, am Surrealismus hätten ihm das Gefühl, die Natur, die Pflanzen und Blumen gefehlt, weshalb er in den Augen von Breton als der Romantiker vom Rhein galt. Bis Mitte zwanzig schrieb er ausschließlich auf Deutsch und fand nach eigener Aussage erst durch seine Rimbaud-Übersetzungen zur französischen Sprache. »Mein Deutsch wurde immer ungelenker, während ich im Französischen keine echten Fortschritte machte ... Mein Wortschatz hat sich in meiner

Kindheit gebildet, auf Deutsch, und so ist er mir und meiner Phantasie geblieben. Alles Wesentliche fehlt mir im Französischen: die Koseworte für das Wiegenkind, die kleinen Liedchen, die man im Kindergarten lernt, die Namen der Tiere, Bäume, Blumen ... Das phantasmagorische Land, in dem das Kind spielt, tanzt und träumt, hieß für mich nicht ›jardin‹, sondern ›Garten‹, so wie auch meine unvergleichliche Lehrerin mit ›Fräulein‹ angeredet wurde und nicht mit ›Mademoiselle‹.« Während er bei Rosmarin an die Rose Mariens denkt, kommt ihm beim *romarin* die *rossignol*, also die Nachtigall, in den Sinn, und nur bei den Namen *Augentrost*, *Goldrute* und *Frauenschuh* weiß er sofort, wie diese Blumen aussehen und duften.

Ausgerechnet nach 1945 fingen neben Maxime Alexandre auch Yvan Goll und Hans Arp wieder an, auf Deutsch zu schreiben, was allein deshalb bemerkenswert ist, weil in der ersten Hälfte des letzten Jahrhunderts für einen Elsässer die Wahl der Sprache ein nationales Glaubensbekenntnis bedeutete, ob er wollte oder nicht. In einem ähnlichen Zwiespalt befand sich bereits ein halbes Jahrhundert früher der in Colmar geborene Dichter Ernst Stadler. Als 31jähriger fiel er gleich zu Beginn des Krieges in Belgien bei der Ypernoffensive, obwohl ihm bereits eine Stelle an der Universität in Toronto sicher war, er jedoch kurz zuvor die Dolmetscherprüfung versäumt hatte und deshalb eingezogen wurde. Nach zwei Brüsseler Dozentenjahren hielt er kurz vor Kriegsbeginn eine Vorlesung in Straßburg, wo er zum Rektor zitiert wurde, weil er, wie es in einem Schreiben heißt, für die *francillons* und gegen die *germanisateurs* Partei ergriffen habe. Daß er in der Schlacht für die Deutschen den Kopf hinhalten mußte, ist angesichts solcher Vorgeschichten absurd. Dabei hatte er gerade erst seinen zweiten Gedichtband mit dem Titel *Der Aufbruch* veröffentlicht, in dem es neben manchen expressionistisch forcierten Versen eine Handvoll Gedichte gibt, deren Bilder so licht wie dicht sind und eine Welt einfangen, die nicht in ein Innen und Außen zerfällt, sondern Seelenstimmungen im Sichtbaren vergegenwärtigt. Anders als es für die Moderne verbindlich werden sollte, regieren bei ihm weder Ironie noch Zerknirschung, weder Zynismus noch rätselhafte Artistik, weshalb die Lyrik des 20. Jahrhunderts mit ihm eine ganz eigene Stimme hätte hinzugewinnen können. Halb hymnisch, halb elegisch ruft das Gedicht *Gegen Morgen* Kindheitsbilder herbei, für die man keineswegs das Elsaß kennen muß, um es vor Augen zu haben:

»O jetzt ins Stille flüchten! Eng im Zug der Weiber,
    der sich übern Treppengang zur Messe zerrt,
In Kirchenwinkel knien! O, alles von sich tun, und nur
    in Demut auf das Wunder der Verheißung warten!
O Nacht der Kathedralen! Inbrunst eingelernter
    Kinderworte!
Gestammel unverstandner Litanein, indes die Seelen
    in die Sanftmut alter Heiligenbilder schauen ...«

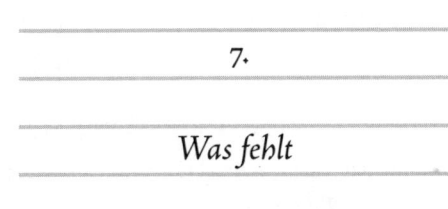

7.

Was fehlt

Es fehlt fast alles. Je mehr man entdeckt, desto mehr fehlt. Insofern besteht dieses Buch zum allergrößten Teil aus Lücken. Und das Schöne daran ist: Jeder wird sie auch sofort entdecken. Zumal auch noch jeder andere entdeckt. Es fehlen zum Beispiel der SC Freiburg und sein einstiger Star Volker Finke, es fehlt Sepp Herberger, der aus Mannheim stammt, es fehlen alle Discos und In-Kneipen, es fehlen tausend Namen von tausend wichtigen Leuten, es fehlen schnuckelige Residenzstädtchen mit festlichen Vergangenheiten; es fehlen zehn Schlösser zwischen Bruchsal und Schliengen und zwanzig Burgruinen zwischen Hohengeroldseck und Hornberg, wo das Hornberger Schießen so jämmerlich ausgegangen ist, was aber keine Rolle spielt, weil Hornberg bereits wenige Meter im Württembergischen liegt; es fehlen die Wanderwege und Ökostationen; es fehlen alle Maler von Hans Thoma bis zu denen, die ich eh nicht kenne; es fehlen tausend Zitate von Goethe, dessen Schwester in Emmendingen verheiratet war, und es fehlt auch Friederike Brion, die er im elsässischen Sessenheim kennengelernt und mit einem seiner schönsten Abschiedsgedichte sitzen gelassen hat, wobei sie auf hiesiger Rheinseite in Meißenheim begraben liegt, wo auf ihrem Grabstein der nicht sehr gelungene Spruch zu lesen ist: »Ein Strahl der Dichtersonne fiel auf sie / So reich, daß er unsterblich ihr blieb.« Es fehlt Aloys Schreiber aus Kappelwindeck, von wo er nach Heidelberg aufgebrochen ist, um als Professor der Ästhetik neben Aberdutzenden anderer Schriften auch *Scenen aus Fausts Leben* zu veröffentlichen, mit denen er den Geheimrat aus Weimar herausfordern und sehen wollte, wer von ihnen auf der Bühne überleben wird; es fehlt Erwin von Steinbach, der – wie die Steinbacher behaupten und andere als unerwiesen ansehen – in Steinbach bei Achern geboren ist und das Straßburger Münster, wie man so sagt, erbaut hat; es fehlen natürlich alle Theater, die großen und die kleinen, von Freiburg bis Mannheim; es fehlen die Skischanzen in Hinterzarten und Aberdutzende von Wirtshäusern, vor allem ein wunderbares namens *Sommerau* im entlegensten Winkel des Schwarzwalds hinter Bonndorf; und es fehlen alle anderen, die vermutlich genauso gut, wenn nicht noch besser als die angepriesenen sind, aber man kann ja nicht überall sein, zumal ich nicht wie Siebeck und der badische Kulinarienspezialist Abel dafür bezahlt werde, daß man im Wirtshaus sitzt; es fehlt das ganze Badische Frankenland mit seinem Odenwaldzipfel, das zwischen Hessen und Württemberg eingeklemmt ist, mit seinen so einladend klingenden Städtchen wie Tauberbischofsheim und sonstigen Marktflecken, die unweit vom jenem bereits nicht mehr badischen Amorbach liegen, von dem Adorno sagt: »Der Unterschied zwischen Amorbach und Paris ist geringer als der zwischen Paris und New York«, wobei Tauberbischofsheim nicht nur in der Nähe von Amorbach, sondern auch von Miltenberg, das die Nachbarstadt von Amorbach ist, liegt, weshalb es ebenso zum bayrisch verwalteten Frankenland gehört, was mir deshalb in den Sinn kommt, weil ich dort auf einem Schild, das an einer Wirtschaft angebracht ist, den gleichen Satz lesen mußte, den ich von einem ähnlichen am Freiburger Gasthaus *Zum Roten Bären* kenne, auf dem wiederum steht, es sei das älteste Wirtshaus von ganz Deutschland; es fehlen, von wenigen Schlenkern abgesehen, auch die Fachwerkidyllen im Kraichgau mit ihren krummen Giebeln und winzigen Erkern und den dörflichen Gemüsegärten dahinter, ganz zu schweigen von den knorzigen Apfel- und Birnbäumen, den endlosen Weizenfeldern und Klatschmohnwiesen und der kleinen Metropole Bruchsal, deren Ortsschild uns mit dem Hinweis begrüßt, man befinde sich hier in einer *Barockstadt*, was angesichts des splendiden Schlosses auch nicht zu bestreiten, aber angesichts dessen, was einem dort sonst noch begegnet, allenfalls die halbe Wahrheit ist; es fehlt der Belchen mit seinem elsässischen Gegenüber namens Grand Ballon; es fehlt der kahle Feldberg, von dem aus man an schönen Tagen auf die Schwäbische Alb und die Vogesen hinüber und zum Bodensee hinabschauen kann, wobei manche Leute auch schon den Montblanc erblickt haben wollen; es fehlt der zweitgrößte Binnenhafen in Deutschland, der nirgends anders als in Mannheim zu finden ist und mit seinen bunten Containern tatsächlich ein bißchen an Hamburg erinnert; es fehlt der Hinweis, daß Mozart in Mannheim seine Frau Constanze kennengelernt hat, die aus Zell im Wiesental stammt und deshalb fast schon schweizerisch geredet haben muß; es fehlt Anneliese Rothenberger, die auch aus Mannheim kommt, und natürlich Carl Benz mit dem Benz-Motor, der wiederum Karlsruhe mit seiner Geburt beehrt hat; es fehlt die zwischen Wäldern verlorene Reichsstadt Zell am Harmersbach mit ihren bunten Bürgerhäusern, wo man sich wie in Gent und Brügge fühlt; es fehlt die Stadt Lahr mit ihrer berühmten Tabaksvergangenheit; es fehlen alle Thermalbäder und sonstige Wellness-Etablissements; es fehlt ein Preislied auf die wundersame Dorfkirche im kleinen Lautenbach hinter Oberried; es fehlt natürlich Donaueschingen mit seinem umstrittenen Donauursprung und den Donaueschinger Musiktagen und dem Schloß der Fürsten zu Fürstenberg, die seit ein paar Jahren ihre Holbein- und Cranach-Gemälde verramschen, weil sie das Geld für etwas anderes brauchen; es fehlt das schönste Museum der Welt, das *Beyeler* in Riehen, welches zwei Meter hinter der Schweizer Grenze bei Lörrach liegt und dessen größtes Gemälde die riesige Glaswand mit Blick auf eine hügelige Kuhwiese ist;

es fehlt das neue Burda-Museum in Baden-Baden und das Stuhlmuseum in Weil am Rhein von Frank Gehry, das aussieht, als hätte man einen Legokasten mit lauter weißen Legoklötzchen wild durcheinandergewürfelt und schließlich ein paar markante Steine aneinandergeklebt; es fehlt das dortige Feuerwehrhaus der Irakerin Zaha Hadid, das dem Nachbarn zuliebe an krumme Stuhlbeine erinnert; es fehlt das Simonswäldertal, außer daß es ein kurzes Mal im Zusammenhang mit dem Bleibacher Totentanz erwähnt wird; es fehlen sicherlich ein paar wichtige Politiker; es fehlt der *homo heidelbergensis*, jener ältere Verwandte des Neandertalers, dessen Unterkiefer in einer Kraichgauer Sandgrube lag, wo er einem Arbeiter auf die Schaufel gerutscht ist, so daß dieser abends in der Kneipe verkünden konnte: »Heit haw isch de Adam g'funne«, was ihm ein Professor aus Heidelberg auch bestätigt hat, weshalb er jetzt *homo heidelbergensis* heißt, wobei man wissen muß, daß er ausgestorben ist und wir stattdessen von jenem *homo sapiens* abstammen, der aus Afrika kommt. Was fehlt sonst noch? Es fehlen natürlich Dörfer wie Dittwar, Paimar und Ilmspan, Windischbusch und Waldmühlbach und all das, wovon ich gar nicht weiß, daß es fehlen kann, weil ich nicht einmal weiß, daß es existiert, weshalb ich all diejenigen, die sich von dieser Nichtexistenz betroffen fühlen, unbekannterweise um Milde und Nachsicht bitte.

Register